Patricia St. John

Die Spur führt nach Jerusalem

Verlag Bibellesebund
Marienheide/Winterthur

Originaltitel: »The Victor«
Erschienen bei Scripture Union, London

Deutsch von Renate Mauerhofer

Wortlaut der zitierten Bibelstellen
aus Die Gute Nachricht, 1982

ISBN 3-87982-110-0

3. Auflage 1988

Titelfoto: Bruder Immanuel Jakobs OSB aus »ISRAEL, Land der Gegensätze«
Titelgestaltung: Besser, Siegen
Satz + Druck: Druckhaus Gummersbach Arntz & Co. GmbH

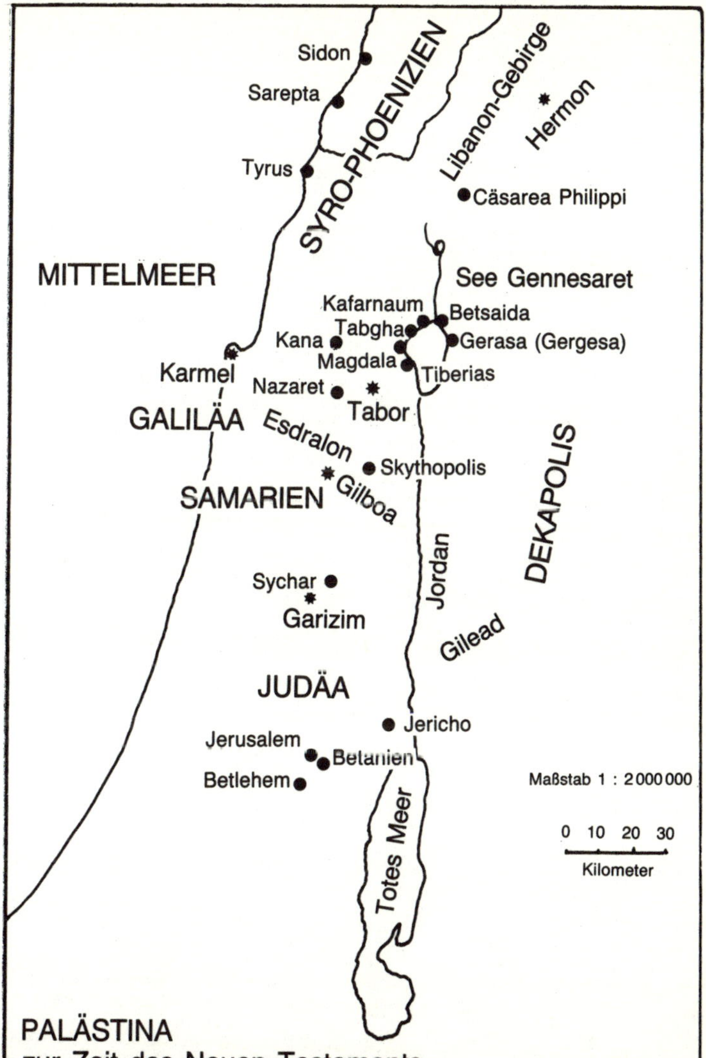

PALÄSTINA
zur Zeit des Neuen Testaments

1. Kapitel

Es ist schwer zu sagen, wann diese Geschichte eigentlich begann. Wie die Blumen werden auch wir mit der Sehnsucht geboren, dem Licht zuzustreben. Ich spürte diese Sehnsucht wohl zum ersten Mal an einem strahlenden Sommermorgen, als ich nördlich von Tyrus im Sand am Meer lag und mich Haßgefühle gegen meine Schwester Illyrika erfüllten. Dann haßte ich mich selbst, weil ich sie haßte, denn schließlich war es ja nicht ihre Schuld, daß sie krank oder, wie die Leute einander zuflüsterten, von einem Dämon besessen war.

Ich haßte sie nicht wegen der rasenden Tobsuchtsanfälle, die sie von Zeit zu Zeit plötzlich überkamen. Dann knirschte sie mit den Zähnen, riß sich das Haar aus und warf sich auf den Boden oder ins Feuer — je nachdem, wo sie gerade stand. Das geschah seit Jahren immer wieder gelegentlich, und ich hatte mich daran gewöhnt. Außerdem hatte sie Zeiten, in denen sie manchmal fast normal war, obwohl sie immer ein wenig merkwürdig und abwesend wirkte. Sie saß dann mit gefalteten Händen da und starrte Löcher in die Luft. Dabei hatte sie einen unkindlichen, alten Gesichtsausdruck, und wenn sie sprach, schien ihre Stimme von weit, weither zu kommen. Aber sie sagte nur ganz selten etwas.

Ich haßte sie, weil sich meine Mutter nur um sie drehte. Sonst zählte niemand, dachte ich verbittert und grub meine bloßen Zehen in den Sand ein. Ich war der einzige Sohn, aber wenn der Fischfang nicht reichlich und somit das Essen spärlich war, mußten ich und meine jüngere Schwester Ione hungern, damit Illyrika genug zu essen hatte. Manchmal glaubte ich, daß meine Mutter Angst vor ihr hatte. Doch dann wieder hatte ich den Eindruck, daß sie vor lauter Liebe zu ihr kaum einen anderen Menschen wahrnahm. Ich seufzte, spuckte aus und wünschte mir, alt genug zu sein, um mit meinem Vater nachts auf Fischfang gehen zu dürfen. Aber er wollte mich erst mitnehmen, wenn ich zwölf wäre, und es fehlten noch zwei volle Monate, bis ich dieses Mannesalter erreicht hatte.

Es war sehr still am Strand. Die Sonne war über dem schneebedeckten Gipfel des Hermon aufgegangen und wärmte meinen Rücken, aber der Dunstschleier lag immer noch über Land und Meer, so daß man nicht sagen konnte, wo die See aufhörte und wo der Himmel begann. Nicht die kleinste Welle brach sich im Sand. Das glatte Wasser leuchtete safrangelb und verschmolz mit dem hellen Dunst. Jeden Augenblick würde nun ein dunkler Fleck auftauchen, der beim Näherkommen immer größer würde.

Es war schon spät, was gewöhnlich auf einen guten Fang hinwies. Angestrengt blickte ich aufs Meer hinaus und entdeckte das Boot. Bald konnte ich auch das Netz entdecken, das auf und ab schlingerte, wie das Spiegelbild der Wellen. Ich rannte bis ans Wasser und winkte, und mein starker, stiller Vater stand am Bug und winkte zurück. Obwohl wir uns, solange ich denken konnte, fast jeden Morgen auf diese Weise begrüßten, war es immer wieder ein besonderer Augenblick für mich, denn ich liebte meinen Vater, und nicht alle Fischer, die nachts hinausfuhren, kehrten am Morgen wieder zurück.

Ich holte die Körbe und war rechtzeitig zurück, um den Kiel auf dem Sand auflaufen zu hören. Da spürte ich auch schon die breite Hand meines Vaters auf der Schulter, als er aus dem Boot sprang. Die Männer waren gut gelaunt, das Boot war vollgeladen und das Netz schwer. Als eingespieltes Team nahmen wir schweigend unsere Stellungen am Seil ein. Ich, ein kleiner Statist, rannte ans Ende, denn obwohl ich ein kräftiger Junge war, hätte ich nicht mit den starken braunen Armen und der ganzen Energie der Fischer mithalten können. Jeder Muskel war angespannt, als sie sich gleichzeitig zurücklehnten, sich für den Bruchteil einer Sekunde entspannten, tief Luft holten und erneut die Muskeln anspannten, bis das Netz auf dem Strand lag. Wir stürzten uns alle gleichzeitig darauf, um die Fische zu sortieren.

Ich ging gern mit den Fischen um. Einige davon warfen wir wieder ins Wasser zurück. Aber heute waren die meisten genießbar. Die Männer legten sie, tropfend und silbrig glänzend, in die Körbe, hievten die Körbe auf ihre Schultern und gingen damit zum Markt. Ich rannte zuerst noch einmal zurück und sprang ins Meer, denn obgleich die Schatten immer noch lang waren, brannte die Sonne bereits heiß herab, und die Erfrischung tat mir gut nach der harten Arbeit. Dann nahm ich meinen etwas kleineren Korb auf und holte meinen Vater bald ein. Die Fischverkäufer erwarteten uns schon im Schatten der Zelte, und das Feilschen und Handeln begann. Ich war stolz auf meinen Vater, denn es gelang keinem, seine Preise wesentlich herunterzuhandeln, und unser Boot war heute morgen das erste. Als der Preis festgelegt war, wurde der Fisch gewogen und zu großen, glänzenden Haufen auf die Steinfliesen geschüttet. Dann wandte sich mein Vater mir zu.

»Bring den Rest in deinem Korb nach Hause«, sagte er, »und bitte Mutter, den Fisch zuzubereiten! Ich werde bald nachkommen.«

Wie die Fischer lediglich mit einem Lendentuch bekleidet, ging ich die Straße hinauf, die zu unserem Haus führte. Aller Kummer war vergessen. Ich war sehr hungrig, und heute hatten wir genug zu essen. Meine Mutter würde mit meiner kleinen Schwester zusammen den Fisch ausnehmen und das Feuer entfachen. Bald darauf würden herrliche Düfte das Haus erfüllen: brutzelndes Öl, gebratener Fisch, würzige Kräuter und frisches Brot. Dann würde mein Vater kommen, und wir würden uns um die volle Schüssel versammeln. Welch gemütliche Runde wäre das ohne die unheimliche Gegenwart meiner älteren Schwester! Gewöhnlich nahm sie ihr Essen etwas abseits ein, ihr Teller war angefüllt mit dem Besten, was es gab. Manchmal setzte sie sich auch in unsere Familienrunde. Dann verstummten wir meistens, als hätten wir einen Fremden in unserer Mitte. Meine Mutter hörte auf zu essen und starrte sie mit jenem erschrockenen, sehnsuchts- und liebevollen Gesichtsausdruck an, und ich stopfte mir den Rest des Essens in den Mund und machte, daß ich hinaus ins Freie kam.

Der Tag würde heiß werden. Einer von Vaters Gehilfen stand in seiner Haustür und rief mich zu sich. Ich trat durch den weinumrankten Eingang, und er gab mir Buttermilch zu trinken, während wir plauderten. Ich besuchte gern die anderen Fischerjungen, aber ich schämte mich gleichzeitig, denn ich konnte sie nie zu mir einladen. Ich wußte ja nie, wann meine Schwester wieder einen Anfall hatte. Tagsüber verließ Illyrika das Haus äußerst selten, aber jeder kannte sie und redete hinter vorgehaltener Hand über sie, und wir bekamen ganz selten Besuch.

Die Buttermilch stillte vorübergehend meinen Hunger, und ich blieb noch ein wenig da. Mein Vater würde nicht so schnell nach Hause kommen. Er hatte auf dem Marktplatz Geschäftliches zu besprechen, und außerdem saß er gern mit den anderen Fischern zusammen und plauderte über die Gezeiten, das Wetter und den Fang. Manchmal fragte ich mich, ob es ihm ebenso schwerfiel wie mir, die Freiheit des Morgenhimmels und die Weite des Meeres zurückzulassen, um unter dem schwarzen Schatten, der über unserem Haus lag, zu leben. Aber er war ein guter Ehemann und pflichtbewußter Vater, und wenn er meine Gedanken teilte, so hatte er sie nie geäußert.

Ich verließ meinen Freund und eilte die Straße hinauf, denn jetzt war ich wirklich spät dran. Als ich um die Ecke bog, war ich aber doch überrascht, daß meine Mutter mitten auf der Straße stand und nach mir Ausschau hielt. Als sie mich entdeckte, lief sie mir entgegen. Sie war so vergnügt, wie ich sie seit langem nicht mehr gesehen hatte.

»Beeil dich, Junge!« rief sie ungeduldig. »Gib mir den Fisch, wasch dich und zieh die Tunika an! Dein Onkel Adoram aus Galiläa ist hier, er wartet auf sein Frühstück.«

Ich rannte ihr voraus, denn das war tatsächlich eine gute Nachricht. Ich hatte meinen Onkel aus Galiläa sehr gern, und wir hatten ihn schon länger nicht mehr gesehen. Er war der ältere Bruder meiner Mutter, der sich in ein Mädchen aus Kafarnaum verliebt hatte. Da die Familie seiner Braut strikt dagegen war, daß die Tochter Israel verließ, hatte er sein Fischerboot zum See Gennesaret gebracht und übte seither seinen Beruf in Galiläa aus. Um seinen Schwiegervater vollends zu versöhnen, war er sogar zum Judentum übergetreten. Doch hatte er die Verbindung zu meiner Mutter nicht abgebrochen, und von Zeit zu Zeit besuchte er uns.

Onkel Adoram war ein großer, schwarzbärtiger Mann mit der breiten Statur und den starken Muskeln eines Fischers. Er ruhte sich nach der langen Wanderung auf einer Matte aus und neckte meine kleine Schwester, die vergnügt kicherte. Er sprach auch höflich mit meiner älteren Schwester, aber er machte keine Späße mit ihr, auch sah er sie kaum an, denn keiner wollte ihrem wilden, starren Blick begegnen. Wenn ich mit ihr sprach, sah ich immer in die entgegengesetzte Richtung.

Sauber und bekleidet platzte ich in das Zimmer und begrüßte fröhlich meinen Onkel. Ich glaube, er hatte mich besonders gern, und jetzt redete er mit mir von Mann zu Mann.

»Na, warst du mit dem Boot draußen?« fragte er zwanglos.

»Nein, ich darf erst mitfahren, wenn ich zwölf bin. Aber das dauert nicht mehr lange. Ich helfe jeden Morgen beim Einholen des Netzes und beim Fischeverlesen.«

»Freust du dich schon darauf, mitfahren zu dürfen?«

Ich nickte.

Er lächelte. »Es liegt uns im Blut, Junge, schon seit Generationen. Wenn meine Zeit gekommen ist und ich von der Erde muß, will ich in einem Sturm untergehen. Die Stürme auf dem See Gennesaret haben etwas herrlich Gewaltiges an sich. Sie kommen ganz plötzlich aus dem Faltengebirge heruntergebraust, wenn man sie am wenigsten erwartet, und peitschen das Wasser auf, daß man meint, das letzte Stündlein habe geschlagen. Aber ich wollte es um nichts in der Welt eintauschen, das kannst du mir glauben!« Dieses Thema schien ihn an etwas zu erinnern, denn er hielt inne und schüttelte den Kopf. »Ich weiß nicht, was in die gefahren ist!« fuhr er gedankenvoll fort. »Vier meiner Freunde haben kürzlich ihre Boote im Stich gelassen, um sich in ein aussichtsloses Abenteuer zu stürzen. — Sieh mal, da kommt dein Vater! Und der Fisch duftet auch schon köstlich!«

Er sprang auf und küßte seinen Schwager herzlich, und meine Mutter eilte herein und servierte. Sie hatte sich selbst übertroffen: Der Fisch brutzelte noch, das warme Brot duftete köstlich, das Obst war kunstvoll in einer Schale angerichtet, und mehrere Weinflaschen standen als Getränk bereit. Meine kleine Schwester Ione brachte die Wasserschüssel herein und wusch unsere Füße. Sie war erhitzt und außer Atem, weil sie zwischen dem Ofen und dem Krämer hin- und hergelaufen war. Meine Mutter legte das Beste von allem auf einen Teller, den sie meiner älteren Schwester brachte, die etwas abseits saß, und die Mahlzeit begann in fröhlicher Stimmung.

Zuerst drehte sich die Unterhaltung um die Fischerei: Die unterschiedlichen Vorzüge der Küsten- und Binnenfischerei, die Preise und Steuern unter Herodes in Galiläa. Dann tauschten wir Familiennachrichten aus und aßen, bis wir alle satt waren. Schließlich entstand eine Gesprächspause. Ich wollte, daß sich mein Onkel weiter mit mir unterhielt, deshalb knüpfte ich da an, wo wir stehengeblieben waren.

»Onkel Adoram«, fragte ich, »wieso haben deine vier Freunde ihre Boote im Stich gelassen und sich in ein aussichtsloses Abenteuer gestürzt?«

»Tja«, meinte mein Onkel nachdenklich, »das fragt sich jeder bei uns. Es ist eine lange Geschichte. In Galiläa passieren merkwürdige Dinge, und keiner weiß, was er davon halten soll — ich am wenigsten. Aber es gehört schon was dazu, Boot und Netz einfach zurückzulassen und ohne Geld loszuziehen! Sie müssen ein ganzes Stück überzeugter sein, als ich es bin!«

»Wer, Onkel? Und wohin sind sie denn gezogen?«

Jeder war nun neugierig geworden, und mein Onkel seufzte, als fiele es ihm schwer, unsere Fragen zu beantworten. Sein Gesicht war ernst, und er runzelte die Stirn, während er sprach.

»Ich nahm die jüdische Religion an, um meiner Frau einen Gefallen zu tun, aber ich interessiere mich kein bißchen dafür. Immer wieder steht ein Prophet, Quacksalber oder Wundertäter unter ihnen auf, aber ich bin bis jetzt auf keinen von ihnen reingefallen. Als das Gerücht kursierte, daß wieder mal einer von dieser Sorte in Kana Wasser in Wein verwandelt haben soll, machte ich mich mit den andern darüber lustig. Aber als dann der einzige Sohn meines Herrn schwer erkrankte, war es nicht mehr zum Lachen. Er ist ein guter Mann, ein Hauptmann und in der ganzen Stadt angesehen, und ich verkaufe ihm meine Fische privat. Er und seine Frau haben jahrelang auf dieses Kind gewartet. Es war ihr ganzer Sonnenschein.«

»Und was passierte dann?«

Mein Onkel nippte an seinem Wein, als wüßte er nicht, wie er fortfahren solle.

»Also, das Kind erkrankte an einem Fieber. Jeder Arzt im ganzen Gebiet wurde herbeigerufen, aber einer nach dem andern ging kopfschüttelnd wieder weg. Eines Morgens brachte ich meine Fische wie gewöhnlich in die Küche, wo ich meistens einen Schluck trinke und mit den Dienern einen Schwatz halte. Manchmal unterhalte ich mich auch mit dem Herrn selbst, wenn ich ihm auf dem Gelände begegne. Aber an diesem Morgen war es seltsam still im Haus, und die Mägde und Diener weinten, denn sie alle liebten das Kind. 'Die Hand des Todes liegt auf ihm‘, flüsterte eine Magd. ’Seine Haut brennt wie Feuer. Er liegt in den Armen seiner Mutter und erkennt keinen mehr.‘ Als ich dann am Tor stand, sah ich, wie der Herr die Straße hinuntergaloppierte, als wolle er in die Schlacht ziehen. Der Staub, den die Pferdehufe aufwirbelten, hüllte ihn ganz ein.

’Wohin reitet er denn?‘ fragte ich.

’Nach Kana‘, sagte ein Diener. ’In Kana soll angeblich ein Wundertäter sein, ein Nazarener!‘ Er sagte das verächtlich, aber alle blieben ernst, und ich ging kopfschüttelnd davon.«

Mein Onkel zögerte wieder. Er schien sich beinahe zu fürchten, mehr zu erzählen. Aller Augen hingen gespannt an ihm. Weil ich Illyrika gegenübersaß, bemerkte ich als einziger, daß sie sich erhob und dicht hinter den anderen niederhockte. Ich erschauerte, als ich sie flüchtig anblickte, und sah schnell weg. Ihre Augen waren geweitet und schwarz, und die nackte Furcht stand in ihnen geschrieben.

»Erzähl weiter!« flüsterte meine Mutter.

»Ich ging erst drei Tage später wieder hinauf zur Villa. Auf dem Marktplatz hatte ich schon gehört, daß das Kind noch lebte. Als ich oben ankam, stand der Herr im Garten, und sein Sohn lief hinter einem kleinen Hund her. Seine Wangen glühten rosig vor Gesundheit. Ich war kühn genug, um stehenzubleiben und dem Herrn zu sagen, wie ich mich darüber freute.«

»Erzählte er dir, was passiert war?«

»Ja, er war viel zu glücklich, um es für sich zu behalten. Er mußte es sogar seinem Fischer erzählen!« lachte mein Onkel. »Der Prophet war in Kana angekommen, das kaum zwanzig Kilometer westlich liegt. Es war nicht schwer, ihn zu finden, denn jeder folgte ihm und wartete gespannt darauf, was er als nächstes tun würde. Der Herr erzählte mir, wie er demütig auf die staubige Straße vor ihm niedergefallen sei. Flehentlich hätte er ihn gebeten, mit ihm nach Kafarnaum zu kommen, bevor das Kind stürbe. Es sei gerade ein Uhr gewesen.

Der Prophet hätte nur gesagt: ’Geh nach Hause, dein Kind lebt!‘«

»Und er glaubte ihm?« fragte meine Mutter erstaunt.

»Er glaubte ihm. Warum oder wieso, konnte er nicht erklären. Er wußte nur, daß das Wort wahr war und dieser Mann göttliche Kraft besaß. Er ritt heim und sang vor Freude vor sich hin. Bei Sonnenuntergang traf er ein. Als er in Sichtweite des Hauses kam, rannten ihm die Diener freudig winkend entgegen. Das Kind lebte; um ein Uhr war etwas geschehen. Das Fieber war gefallen.

Seine Frau ergänzte die Einzelheiten. Sie hatte das Kind in den Armen gehalten und seine trockenen Lippen benetzt, als die brennende Glut plötzlich aus seinem Körper entwich und sein rasender Herzschlag sich verlangsamte. 'Das ist der Tod!' dachte sie bei sich und begann zu weinen. Aber der Junge öffnete die Augen und sah sie an. Sie glänzten nicht mehr vor Qual und Fieber, sondern strahlten gesund und fröhlich. Sie küßte ihn auf die Lippen, die jetzt feucht und kühl waren. Er setzte sich auf und lächelte. 'Ich möchte mit dem Hündchen spielen, Mama', sagte er, stand auf und rannte in den Garten hinaus. Sie folgte ihm und sah auf die Sonnenuhr. Es war ein Uhr, genau die Zeit, als der Prophet sprach.«

Eine kurze Stille entstand, dann fragte mein Vater: »Wie heißt denn dieser Prophet?«

»Wie er heißt? Oh, sie nennen ihn Jesus.«

2. Kapitel

Entsetzt sprangen wir alle auf. Selbst ich, der ich doch an Illyrikas Krankheit gewöhnt war, hatte niemals zuvor einen so rasenden, verzweifelten Aufschrei gehört wie jetzt. Mein Vater umklammerte sie mit seinen starken Armen, denn diese Anfälle gaben ihr übermenschliche Kräfte. Meine Mutter schob Ione hinter die Getreidetonne, und ich schnappte mir ein paar Früchte und rannte aus dem Haus. Ich lief bis zur Straßenecke, dann drehte ich mich um und sah, daß mein Onkel mir mit großen Schritten folgte. Ich wartete auf ihn und stellte fest, daß er zitterte — mein großer und starker Onkel.

»Passiert ihr das öfter?« fragte er und ließ sich schwer auf die Hafenmauer nieder, als hätte er zu weiche Knie, um zu stehen.

»Ja, hin und wieder. Man braucht sich deswegen keine Sorgen zu machen. Sie kommt darüber hinweg — bis zum nächsten Mal.«

»Deine arme Mutter!«

»Ach, Mutter geht's nicht schlecht. Sie wird herumsitzen und sie stundenlang pflegen. Sie hat sonst nichts zu tun.«

Ich konnte die Bitterkeit in meiner Stimme nicht verbergen, und mein Onkel sah mich scharf an. »Was soll das heißen, Junge?« fragte er. »Sie muß sich um euch alle kümmern und den ganzen Haushalt besorgen, ist dir das klar?«

Ich zuckte die Achseln.

»Sie wird jetzt tagelang kaum merken, daß wir auch noch da sind. Ione erledigt fast die ganze Arbeit allein, dabei ist sie erst neun.« Ich hielt inne, dann brach es aus mir hervor. »Es ist schrecklich zu Hause, Onkel! Keiner zählt außer Illyrika. Niemand kommt uns besuchen, weil alle Angst vor ihr haben. Ich wünschte, ich könnte allem den Rücken kehren und woanders aufwachsen!«

Er legte seine breite Hand auf meine Knie. »Ich werde jetzt nach Sarepta gehen und Anat und Etbaal besuchen. Kannst du mich dorthin begleiten?«

Ich schüttelte bedauernd den Kopf. Ich mußte am Strand arbeiten, das Netz säubern und reparieren, das Boot reinigen und die Körbe auswaschen. Mein Vater hätte mich streng bestraft, wenn ich meine Pflichten vernachlässigt hätte.

»Nun gut«, sagte mein Onkel. »Ich werde heute abend zurückkehren. Ich möchte mich gern mit deiner Mutter noch etwas unterhalten, bevor ich morgen früh aufbreche. Also, dann mach dich an die Arbeit, Junge!«

Ich beobachtete, wie er mit langen Schritten auf die Bucht zuging, die zum Damm führte. Ich wünschte, ich hätte mit ihm gehen können, denn meine Cousins und Cousinen vom Bauernhof waren eine fröhliche Schar. Über ihrem Haus hing kein dunkler Schatten. Ich seufzte und ging zum Strand hinunter.

Ich blieb den ganzen Tag über am Strand, denn ich hatte am Morgen gut gegessen. Ich arbeitete und spielte mit den anderen Fischerjungen und schwamm ins blaue Mittelmeer hinaus, als die Sonne heiß über uns stand. Erst als sich die Sonne dem Meer zuneigte, machte ich mich auf den Nachhauseweg. Wie erwartet schien meine Mutter keine Notiz von mir zu nehmen. Sie saß gedankenversunken über meine Schwester gebeugt da, die anscheinend bewußtlos auf ihrer Matte lag. Ich holte eine Schale Buttermilch, ein Stück Brot und Ziegenkäse und legte mich dann in der äußersten Ecke des Raumes nieder. Mein Vater war schon fortgegangen zur Arbeit, und Ione schlief. Im Zimmer war es fast stockdunkel, als Onkel Adoram den Türriegel hob und eintrat. Meine Mutter lehnte sich vor und füllte die Öllampe auf, so daß die Flamme wieder größer wurde und ihr Schein durch das ganze Zimmer flackerte.

»Ione!« rief sie. »Steh auf und bereite deinem Onkel das Abendessen!«

Ione erhob sich wankend und schlaftrunken. Zuerst lief sie direkt gegen die Wand, dann stolperte sie zum Eßplatz und sah verwirrt um sich. Mein Onkel hatte Mitleid mit ihr und half ihr. Ich wurde wütend auf meine Mutter. Warum mußte die arme, kleine Ione geweckt werden, während Mutter untätig dasaß und meine große Schwester hätschelte? Ich haßte Illyrika.

Eine Weile lag ich da und beobachtete die Gruppe und ihre Schattenbilder an der Wand. Das Gesicht meiner Schwester war weiß und wie tot, das meiner Mutter verquollen vom Weinen.

Ich glaube nicht, daß sie überhaupt wußte, daß es mich auch noch gab.

»Nun, Schwester, wie geht es dem Mädchen?«

»Sie hat sich jetzt beruhigt.« Die Stimme meiner Mutter war tonlos.

»Ich wußte, daß sie seltsam und kränklich ist, aber du hast mir nie von diesen Anfällen erzählt. Wie lange macht ihr das denn schon mit?«

»Seit sie ein kleines Mädchen war — ungefähr zehn Jahre. Bruder, es ist alles meine Schuld.«

»Wieso? Alle Krankheit kommt doch von Gott — oder den Göttern — je nachdem, woran du glaubst.«

»Nicht diese Krankheit. Illyrika wurde mit einem verdrehten Fuß geboren, und das bekümmerte mich. Ich dachte: 'Wer wird jemals einen Brautpreis für ein lahmes Mädchen zahlen?' So brachte ich sie zur Beschwörerin, einer bösen Frau, die Verbindung zu dunklen Mächten hat. Sie murmelte viele Wörter vor sich hin, sah in eine Glaskugel, schrie laut auf und legte dem Mädchen die Hände auf. Sie verlangte eine große Summe, und Tag für Tag mußte ich meinen Mann belügen, um das Geld aufzubringen. Ich verkaufte fast all meinen Hochzeitsschmuck, aber er weiß es immer noch nicht.«

»Ihr Fuß heilte mit der Zeit, sie war nicht mehr lahm. Aber die Kraft der Beschwörerin ist eine böse Kraft, und sie bemächtigte sich Illyrikas. Jetzt weiß ich, warum es dem Volk der Juden von ihrem Gott auf Todesstrafe verboten ist, etwas mit Zauberern oder Wahrsagern zu tun zu haben: Ihre Macht ist eine böse Kraft. Wenn du sie berührst, berührt sie dich. Willst du sie besitzen, besitzt sie dich. Seit diesem Tag leben wir in Angst und im Schatten des Bösen, und nichts und niemand kann uns davon befreien.«

»Kannst du nicht zur Geisterbeschwörerin zurückgehen, damit sie das Mädchen von dem Bann losspricht?«

Meine Mutter schüttelte den Kopf. »Kann das Böse Böses vertreiben? Nein, mein Bruder, ich habe nichts unversucht gelassen. Auch Ärzte und Apotheker können nichts ausrichten. Ich habe Illyrika so sehr geliebt, wie sicherlich kein anderes Kind je geliebt wurde, denn Liebe ist eine starke Kraft, aber die Macht des Bösen ist stärker als jede menschliche Kraft und wächst stetig an. Manchmal denke ich, daß sie uns alle umschlingen und in die Dunkelheit und den Wahnsinn hinabreißen wird ... ach, Adoram, ich habe solche Angst!«

Sie weinte jetzt, über die stille Gestalt gebeugt. Plötzlich sah sie auf.

»Bruder, erwähne diesen Propheten nie mehr. Sein Name scheint zu ihrer Unruhe beizutragen. Sie hat ihn heute mehrmals gemurmelt. 'Bist du gekommen, um uns zu zerstören?' flüsterte sie immer wieder mit schreckgeweiteten Augen. Zweifellos steht auch er in Verbindung mit bösen Mächten, und dieser kleine Junge wird nun von ihnen besessen sein, wie meine Tochter von ihnen in Besitz genommen wurde. Laß dich nicht mit ihm ein!«

Mein Onkel schüttelte langsam den Kopf. »Im Garten meines Herrn war nichts Finsteres oder Böses zu spüren«, sagte er schließlich. »Nur eine große Freude und Heil und Licht.« Plötzlich erhob er sich scheinbar verlegen.

»Es war heute drückend heiß auf der Straße nach Sarepta«, sagte er. »Ich lege mich jetzt aufs Ohr, Schwester. Am besten lege ich mich dorthin, wo dein Mann tagsüber schläft, beim Fischgerät. Gute Nacht!«

Meine Mutter legte sich neben Illyrika. In ein paar Minuten schnarchte mein Onkel, und jeder schien zu schlafen. Nur ich lag wach und fürchtete mich. Wenn die bösen Mächte stärker als alle Macht der Erde waren, dann waren wir alle verloren! Die Mächte würden stärker und der Schatten dunkler werden, und wir waren ihnen hilflos ausgeliefert! Ich wollte weglaufen — zu den Cousins am Weg nach Sarepta oder zu meinem Onkel nach Kafarnaum. Aber vielleicht würden sie darauf bestehen, mich zurückzuschicken, denn ich war fast ein Mann und hatte genug Arbeit zu tun. Mein Vater wartete nur darauf, daß ich mein zwölftes Lebensjahr vollendete.

Ich dachte an meinen stillen, geduldigen Vater, der immer nach Hause kam, und ich fragte mich wiederholt, was er von all dem hielt. In all den gemeinsamen Jahren hatten wir nie darüber gesprochen, und heute hatte ich zum ersten Mal meine Mutter davon reden hören. Vielleicht würden mein Vater und ich eines Tages darüber sprechen, wenn ich erwachsen wäre. Ich gähnte ausgiebig. Kein Kummer kann einen Jungen, der vor

Morgengrauen aufgestanden ist, lange vom Schlaf abhalten. Ich zog die Decke über mich und schlief tief und fest.

Mein Onkel verließ uns am nächsten Morgen nach einem weiteren herzhaften Familienfrühstück, und ich überquerte mit ihm den Damm, der aufs Festland führte, und begleitete ihn ein Stück die Küstenstraße nach Süden hinunter. Ich hätte liebend gern die Grenze nach Israel mit ihm überschritten, aber nach ein paar Kilometern legte er mir seine Hand auf die Schulter.

»Jetzt kehrst du am besten um«, sagte er. »Sei gut zu deiner Mutter und Schwester Ione, lerne unseren Beruf und übernimm eines Tages das Boot. Fischer leben nicht immer lange. Also Lebewohl, mein Sohn. Ich komme bald wieder und schaue, wie es euch geht.«

Ich küßte seine Hand, und er drehte sich um und ließ mich zwischen dem Strandhafer und den Sanddünen stehen, bedrückt und enttäuscht. Er hatte mich nicht nach Kafarnaum eingeladen.

Dennoch nahm ich seine Worte zu Herzen und ging nach Hause, sobald meine Arbeit erledigt war, ohne wie üblich bis zum Abendessen am Strand herumzubummeln. Es war später Nachmittag, als ich unsere Straße erreichte. Die Sonne stand im Westen und tauchte die kleine Stadt in klares, goldenes Licht. Ione kam gerade mit dem Wasserkrug auf dem Kopf vom Brunnen zurück, und wir gingen zusammen nach Hause. Ione arbeitete so hart wie eine erwachsene Frau, aber sie tat es ohne Murren. Obwohl sie mit dem Bösen unter einem Dach lebte, hatte es bis jetzt keinen Schatten auf ihr freundliches, fröhliches Gemüt geworfen. Sie liebte das Leben, und es war ihr nie in den Sinn gekommen, daß sie schlecht behandelt wurde. Wenn es je ein Kind des Lichts gegeben hatte, dann war sie es. Sie wurde vom Guten angezogen wie die Motten vom Licht.

»Wie geht es Illyrika?« fragte ich.

»Besser«, antwortete Ione fröhlich. »Heute hat sie sich aufgesetzt und etwas Fleisch gegessen, das Mama für sie gekocht hat. Sie ist still und scheint alles vergessen zu haben. — Philo, wir dürfen diesen Propheten Jesus nie mehr vor ihr erwähnen. Sie hat wohl Angst, daß er kommt und sie tötet. Aber weißt du, mir hat diese Geschichte von dem kleinen Jungen gefallen, und ich hab' den ganzen Tag darüber nachgedacht. Wenn er diesen kleinen Jungen geheilt hat, warum sollte er dann nicht auch Illyrika heilen und die blinde Astarte unten am Hafen?«

Ich wollte schon die Worte meiner Mutter wiederholen, daß Böses nicht von Bösem ausgetrieben werden kann, aber dann fiel mir ein, daß das ja nicht für meine Ohren bestimmt war, deshalb sagte ich nur: »Er ist ein Jude, Ione, und wir sind Griechen oder Phönizier. Er würde nie über die Grenze zu uns kommen! Du weißt, daß sie uns da unten als Hunde bezeichnen, und sogar Onkels Frau Ester hat uns nie besucht. Außerdem ist ein Prophet ein religiöser Mann, und unsere Religionen haben nichts Gemeinsames. Hast du diese Geschichte denn wirklich geglaubt?«

»Natürlich, warum sollte unser Onkel uns belügen? Du denn nicht?«

»Sie klang nicht sehr glaubwürdig. Der kleine Junge ist vielleicht zufällig in diesem Moment gesund geworden.«

Ich warf ihr einen Blick zu. Sie lächelte mich mit strahlenden Augen an. Ich erkannte, daß ich ihren Glauben keineswegs erschüttert hatte. An der Haustür legte sie einen Finger auf ihre Lippen.

»Sprich nicht mehr von ihm«, flüsterte sie. »Nur wenn wir allein sind.« Wir betraten das Haus und aßen unseren Linsenbrei mit zerquetschten Feigen, und ich dachte ärgerlich an das Fleisch, das für Illyrika gebraten worden war. Der köstliche Duft der Soße hing noch in der Luft, aber mein Vater aß seine Linsen recht zufrieden und ging bei Sonnenuntergang fort. Als er die Tür erreichte, wandte er sich um. Er sah mich schweigend von Kopf bis Fuß an, als wolle er meine Körpergröße und die Stärke meiner Muskeln messen.

»Bei Vollmond«, verkündete er schließlich, »kannst du mit mir hinausfahren. Das ist die beste Zeit zum Lernen, wenn es warm und die See ruhig ist. Ist das Meer erst einmal sturmgepeitscht und ist hoher Seegang, habe ich keine Zeit mehr, dich anzulernen. Deshalb fängst du am besten jetzt an.«

Ich war begeistert. Jetzt war ich ein Mann. Ich konnte am Tag schlafen und nachts hinausfahren. Der dunkle Schatten würde nicht länger auf mir lasten. Ich wandte mich eifrig zu meiner Mutter um, aber diese großartige Neuigkeit schien sie nicht zu interessieren, denn sie beugte sich über Illyrika, die im Schlaf wie ein verlorener Geist stöhnte. Nur Ione, die gerade die Schlafmatten ausrollte, drehte sich um und lächelte mich an — aber unter Tränen. Da wußte ich, daß auch sie sich vor dem Bösen fürchtete, das in unserem Haus herrschte, und mich als ihren Beschützer betrachtete. Als sie fertig war, setzte ich mich neben sie und legte den Arm um ihre Schultern. So saßen wir still beisammen, während der Himmel, den wir durch das Fenster beobachten konnten, sich hellrot färbte und die Geräusche der kleinen Stadt, die Schritte auf den Pflastersteinen, das Lachen der Kinder und das Hundegebell allmählich zu völliger Stille abebbten, bis nichts mehr zu hören war außer Illyrikas Stöhnen.

3. Kapitel

Die erste Nacht auf dem Meer werde ich nie vergessen. Ich folgte meinem Vater die Straße hinunter und blieb verzückt am Strand stehen. Die Sonne war gerade untergegangen, aber der Himmel über dem Horizont war entflammt, und die Farben Gelb, Violett und Purpur spiegelten sich im dunklen Wasser wider. Ich liebte alles Schöne und hätte in stummem Staunen stehenbleiben und zusehen können, wie die Wellen Feuer fingen. Mein Vater jedoch, für den dieses großartige Schauspiel nichts Neues war, hatte es eilig.

»Wach auf, Junge!« herrschte er mich an. »Komm zum Boot runter. Es wird Zeit, daß wir losfahren.«

Oh, wie der Kiel auf dem Kies knirschte und das Boot schlingerte, als es auf dem Wasser lag! Wie die kleinen Wellen an die Bootsseiten klatschten und das Wasser vor uns dunkler wurde, während die Farbenpracht am Himmel allmählich verblaßte. Ich war nie zuvor so glücklich gewesen, denn irgendwie spürte ich, daß ich meine Kindheit für immer hinter mir ließ. Mir wurde ein Ruder zugeteilt, und ich wußte, daß ich stark, frei und ein Mann war. Während wir in die unendliche Weite und Tiefe des Meeres vordrangen, spielte der Wind in meinem Haar, und bald fand das Wunder der Nacht statt: Der Mond ging über den Bergen auf, und das dunkle Wasser wurde in gesprenkeltes Silber verwandelt. Die kleine Stadt vor uns wurde vom Mond erleuchtet, und die Wassertropfen glänzten am Netz wie Kristall.

Selbst in den ruhigen, ereignislosen Stunden vor Tagesanbruch, als mir vor Müdigkeit schwindlig war und meine Augenlider so schwer wurden, daß ich sie kaum offenhalten konnte, ließ mich mein Vater nicht schlafen. Er hielt mich mit dem Ruder und Takelwerk beschäftigt, und ich arbeitete wie im Schlaf. Ich sah, wie der Himmel hinter dem Morgenstern verblaßte und die grauen Umrisse der Berge auftauchten. Irgendwann ruderten wir dann zur Küste zurück und zogen ein schweres Netz hinter uns her. Die ganze Welt, Meer und Land, bestand aus kaltem, nebligem Grau. Mein Kopf fiel vornüber, und ich dachte, ich sei der Junge am Strand, der das Boot erwartete, aber ein schmerzhafter Rippenstoß meines Vaters ließ mich aufschrecken, und ich merkte, daß ich der Junge im Boot war, der auf den Strand wartete. Schließlich erreichten wir die Küste. Das Meer glühte in den gedämpften Farben des Morgens, die Sonne erwärmte unsere Gesichter, vertrieb den Nebel, und die erste, unendlich lange Nacht war vorbei. Da erbarmte sich mein Vater über mich, hob mich mit seinen kräftigen Armen hoch und warf mich wie einen jungen Hund auf den Sandstrand.

»Geh heim, iß und schlaf!« sagte er freundlich. »Wir kommen heute ohne dich zurecht.«

Oh, welche Erleichterung, in den Anbau zu kriechen, den Kopf auf das Takelwerk zu legen und nichts mehr mitzubekommen! Ich schlief bis zum Abend und erwachte begeistert und glücklich, denn das war das Leben, nach dem ich mich gesehnt hatte. Und das, so dachte ich dankbar, würde so lange mein Leben bleiben, wie meine Kräfte es zuließen. Von nun an würden die Weite und die Tiefe des Meeres mein Zuhause sein, mein Vater und seine Mannschaft meine Kameraden, und ich konnte Mutter und Schwester vergessen.

Aber der Sommer ging allzu schnell vorbei. An den Hängen färbten sich die Weinblätter golden, die Granatäpfel reiften, und es wurde schneller dunkel. Das Meer war jetzt oft ungestüm. Die Abende waren kühl, die Nächte häufig verregnet und der Tagesanbruch grau und windig. Mein Vater arbeitete viele Stunden lang, denn der Winter brach herein, und der war für die Fischerei eine harte Zeit. Wenn die großen Stürme das Mittelmeer aufpeitschten, lagen die Boote wochenlang kieloben am Strand, und wir lebten von unseren Ersparnissen.

An einem Novemberabend blies der Nordwind besonders heftig von den Höhen des Libanon herab, und die Luft war frostig. Mein Vater erwachte, ging zur Haustür und schüttelte den Kopf.

»Heute fahren wir nicht hinaus«, verkündete er. »Geh und sag den Männern, daß sie weiterschlafen können.«

Ich rannte mit meiner Botschaft los, ziemlich enttäuscht, denn ich hatte gut geschlafen und war bereit zur Arbeit. Ich hatte nie Angst, wenn mein Vater bei mir war, und hatte mich schon darauf gefreut, bei Sturm hinauszufahren. Aber die Männer stimmten meinem Vater zu und nahmen seine Mitteilung erleichtert auf. Als ich es allen gesagt hatte, ging ich zum Strand hinunter. Die See war eine einzige tosende Wasserwüste mit weißen Schaumkronen und einem tiefhängenden, kupferfarbenen Himmel darüber. Ich rannte ein ganzes Stück am Strand entlang, und die Möwen flogen kreischend vor mir auf. Ich hatte keine Eile, nach Hause zurückzukehren, denn Illyrika war immer eigenartig ruhelos, bevor ein Sturm losbrach, als ob etwas in ihr mit den ungezügelten Naturgewalten übereinstimmte. Mir fielen die Worte meiner Mutter ein: »Keine Macht ist stärker als die Macht des Bösen!« Ich dachte an die Macht des Sturmes und der tosenden Meereswogen und — obwohl mein Vater Mühe hatte, daran zu glauben — an die Macht der Götter, der griechischen Götter meiner Mutter, der alten kanaanitischen Götter unseres Landes. Sie verkörperten Kriegsgestalten, wilde Grausamkeit, Blut und Rache. Wer oder was hatte die höchste Gewalt? Mich überfiel plötzlich Angst, und ich sehnte mich nach meinem Vater. Ich drehte mich um und rannte über den dunklen Kies nach Hause.

Ich döste nur leicht vor mich hin, denn ich hatte ja fast den ganzen Tag geschlafen, und als sich Illyrika um Mitternacht aufsetzte, erwachte ich. Laut schreiend kündigte sie einen gewaltigen Sturm mit hohem Seegang an. Der Wind heulte immer noch von Norden her, und ich erschauerte beim Klang ihrer verzweifelten Stimme. Meine Mutter kniete neben ihr nieder, tröstete und beruhigte sie, und ich drehte mein Gesicht zur Wand. Kurz darauf gab's ein Handgemenge, und die Tür wurde gewaltsam aufgestoßen. Da wußte ich, daß Illyrika das Haus verlassen hatte. Wenn sie so aufgebracht war, hatte sie übermenschliche Kräfte, und keiner konnte sie festhalten, es sei denn, mein Vater kettete sie an die Wand. Illyrika ging dann immer nach Süden, an der Bucht entlang, überquerte den Damm und wanderte die ganze Nacht in den Hügeln herum, während meine Mutter, von Wind und Regen gepeitscht, hinter ihr herstolperte, bis Illyrika bereit war, mit ihr nach Hause zu gehen. Wäre mein Vater dagewesen, wäre er mit ihr gegangen; aber er war unten in der Schenke und genoß die freie Nacht mit den anderen Fischern zusammen. Er würde erst am frühen Morgen nach Hause kommen.

Und ich!? Ich war doch jetzt ein Mann! Aber ich verdrängte meine Schuldgefühle, meine Mutter allein in Wind und Dunkelheit über die steinigen Hänge stolpern zu lassen. Es war einfach, sich schlafend zu stellen! Wieder einmal kam Haß gegen meine Schwester in meinem Herzen auf, und auch meine Mutter haßte ich beinahe wegen ihrer blinden Aufopferung für Illyrika. Ich wollte nichts damit zu tun haben und war bei einem Sturm lieber auf dem Meer als in den Hügeln. Ich zog die Decke über meinen Kopf und schlief diesmal fest ein.

Als ich am Morgen erwachte, waren meine Mutter und Illyrika zurückgekehrt, denn meine Schwester haßte das Tageslicht. Der Sturm hatte sich beruhigt, und alle schliefen. Ich schlüpfte aus dem Haus und freute mich über die kühle, frische Luft. Ich sah auf zum Gebirge des Libanon, das sich weiß vom perlgrauen Himmel abhob. Der Sturm hatte den Schnee aus Nordost hergetrieben. Bald würde die Sonne aufgehen, und die Höhen würden so gleißendhell sein, daß man nicht mehr zu ihnen aufschauen konnte. Vor mir lag ein ganzer Tag, an dem ich tun konnte, was ich wollte, denn das Boot war noch in Ordung.

Ich beschloß, meine Cousins an der Straße nach Sarepta zu besuchen und Ione mitzunehmen, wenn sie mich begleiten durfte. Sie spielte gerne mit den kleineren Mädchen meiner Tante. Tante Anat, die Schwester meiner Mutter, hatte einen wohlhabenden Landwirt geheiratet, dessen Hof auf einem Hügel östlich der Küstenstraße zwischen Tyrus und Sidon lag. An einem kühlen, klaren Morgen wie heute würde diese kleine Wanderung ein wahres Vergnügen sein. Meine Mutter und Illyrika schliefen noch, aber mein Vater wusch sich die Füße in einer Schüssel und war gut gelaunt. Er warf einen Blick auf Ione, die schon im Schneidersitz am Mühlstein saß und die Weizenkörner für unser Frühstück mahlte. Anscheinend machte ihr das Spaß, denn sie sang bei der Arbeit. Es würde nicht lange dauern, bis sie die Fladen geformt und in dem runden Tonofen gebacken hatte, in dem Gras und Äste als Brennmaterial steckten.

»Nimm sie mit!« sagte mein Vater. »Sie arbeitet hart für ihr Alter, und ein freier Tag wird ihr guttun. Wenn Illyrika die ganze Nacht draußen war, wird sie den ganzen Tag über schlafen, und deine Mutter kann zum Brunnen gehen. Aber komm rechtzeitig zurück, hörst du, denn wir werden heute nacht wieder hinausfahren.«

Ione war begeistert. Sie wiegte sich sanft hin und her, während sie die Fladen formte, und dann saßen wir vor dem Ofen und sogen den Duft der brennenden Kräuter und des frischen Brotes ein. Als alles bereit war, kam mein Vater und frühstückte mit uns. Während wir drei beieinandersaßen und das gute Essen genossen, schien kein schwarzer Schatten über unserem Haus zu liegen, nur Gesundheit, Fröhlichkeit, herzhafter Appetit und gutes Wetter. Ich wünschte, daß es immer so sein könnte und meine große Schwester tot wäre.

Mein Vater gab mir einen Korb voll gepökelter Fische für die Verwandten mit, und wir zogen fröhlich fort. Wir gingen an der Bucht entlang und weiter über den Damm aufs Festland, von da aus auf die nördliche Küstenstraße. Es war noch früh, und wir begegneten niemandem außer der Frau des Aussätzigen, die von ihrem Wagen stieg, während ihr Diener mit einem Korb danebenstand. Ihr Gesicht war ganz verschleiert, und sie würdigte uns keines Blickes. Der Leprakranke wohnte in einem Holzhäuschen am Hang, und ich erschauerte ein wenig, als er verhüllt in der Tür erschien. Aber ich vergaß ihn schnell, denn zu unserer Linken dehnte sich der Strand aus mit den Dünen, dem Treibholz und der hellen, bewegten See. Rechts dagegen war die Landschaft immer noch lieblich, wo das Land, vom Frühregen erweicht und mit dem ersten zarten Grün überzogen, zur Hügelkette anstieg. Hier und da leuchtete die Dürre in braunroten Farben, aber die blattlosen Krokusse blühten schon, und Ione rannte von einer Straßenseite zur andern und pflückte die zarten, hellvioletten Blumen. Ich ging gedankenversunken weiter, aber Iones Freude war ansteckend, und ich stellte fest, daß ich lächelte. Ich hatte nie zuvor bemerkt, wie schön meine kleine Schwester war. Sie war heller als die meisten Kinder unserer Rasse. Ihre Kopfbedeckung war heruntergerutscht, und ihr Haar, das sich schnell auflöste, hatte die Farbe dunklen Honigs. Aber ich rügte sie nicht, denn sie war nur ein kleines Mädchen, und ich wollte ihr den Spaß nicht verderben.

»Wie es dem kleinen Jungen wohl geht?« fragte sie plötzlich.

»Welchem kleinen Jungen?« fragte ich.

Sie sah mich überrascht an. »Na, du weißt doch«, erklärte sie, als hätten wir die Unterhaltung nur kurz unterbrochen, »der kleine Junge, von dem wir sprachen — der im Garten, der geheilt wurde!«

Da merkte ich, daß sie in Gedanken ständig mit ihm beschäftigt sein mußte, und ergriff ihre freie Hand. »Komm schon, Ione! Du mußt schneller gehen, sonst kommen wir nie an. Erzähl doch unseren Verwandten die Geschichte und schau, ob sie dir glauben.«

Sie lächelte mich schüchtern von der Seite an. »Ich weiß, daß es wahr ist«, sagte sie sanft. »Ich weiß es einfach, und wenn ich älter bin, werde ich zu ihm gehen und ihn bitten, Illyrika zu heilen.«

Wir sagten nichts mehr, denn der Hof kam in Sicht mit den Feldern, die sich dahinter erstreckten. Es war fruchtbarer Boden, vom Regen erweicht, mit Holzpfählen eingezäunt und von Trampelpfaden durchzogen. Onkel Etbaal hatte schon mit dem Frühjahrspflügen begonnen, und wir beobachteten, wie er schwerfällig hinter seinen zwei roten Ochsen herstapfte, über deren Nacken ein leichtes Holzjoch lag. Er führte die Pflugschar mit einer Hand und lehnte sich ab und zu mit dem ganzen Körper darauf, um hervorstehende Wurzeln oder Erdklumpen zu zerkleineren. Hin und wieder gebrauchte er seinen Treibstock, um die Tiere in die richtige Richtung zu lenken. Die Arbeit war anstrengend und erforderte volle Aufmerksamkeit. Mein Onkel wandte die Augen nicht von seinem ältesten Sohn ab, der vorausging und den Samen streute.

Wir wollten sie nicht stören und gingen zum Haus weiter. Meine Tante und die kleineren Kinder stürzten fröhlich heraus und begrüßten uns. Tante Anat sah meiner Mutter sehr ähnlich, nur hatten Mutters Augen einen gequälten Ausdruck, die Augen meiner Tante hingegen strahlten vor Glück. Wir wurden königlich empfangen und wie erwachsene Gäste behandelt. Eine kleine Tochter wusch unsere Füße, und eine ältere Schwester brachte große Schüsseln voll schäumender Kamelmilch zu unserer Erfrischung herein, dazu frisches Sauerteigbrot und Teller voll Oliven, die sie aus den Salzbottichen geschöpft hatte. Die Olivenernte war gerade vorbei. Während wir aßen, tauschten wir Familienneuigkeiten aus. Meine Tante wollte alles über meine Eltern wissen, aber keiner erkundigte sich nach Illyrika. Sie schienen sich zu fürchten, ihren Namen zu nennen, und ich erwähnte ihn auch nicht.

Die kleineren Jungen bewunderten mich offensichtlich sehr, als ich ihnen erzählte, daß ich jetzt nachts mit dem Boot hinausfuhr. Ich fühlte mich wie ein richtiger Mann und freute mich, als mein Onkel und mein ältester Cousin herbeigeeilt kamen und sich zu uns setzten. Sie hatten gehört, daß wir zu Besuch waren. Ione war mit den Kindern fortgegangen, um ein neugeborenes Kamel anzuschauen. Ich beschrieb gerade lang und breit eine stürmische Nacht auf See, als sie alle erhitzt und lachend zurückgerannt kamen und sich auf die Stufen setzten, die den großen Wohnraum von dem niedrigeren Bereich trennten, in dem die Tiere schliefen.

»Ione hat uns erzählt«, platzte einer der kleinen Cousins heraus, »daß in Kafarnaum ein Prophet ist, dort, wo Onkel Adoram wohnt, der die Menschen mit nur einem Wort heilen kann. Sie sagt, sie will zu ihm gehen und ihn bitten, unsere Cousine Illyrika gesund zu machen.«

Plötzlich herrschte Stille, und ein Schaudern ging durch die Gruppe. Ich beobachtete, wie Tante Anat nach den Amuletten griff, die sie um den Hals trug, und jeder sah verstohlen und ängstlich um sich. Ich war verärgert und schämte mich gleichzeitig.

»Manche Leute glauben einfach alles«, sagte ich laut. »Ein Kind hat sich anscheinend vom Fieber erholt. Ich bin überrascht, daß ein vernünftiger Mann wie Onkel Adoram das so ernst nehmen kann. Ione glaubt wohl, daß die Götter zur Erde herabgestiegen sind.«

»Da ist sie nicht die einzige! Eine ganze Reihe Leute glaubt das auch!« Mein ältester Cousin ergriff zum ersten Mal seit der Begrüßung das Wort. Er sprach langsam und träge, aber er war kein Dummkopf. Mit seinen achtzehn Jahren war er ein ausgebildeter Landwirt und Händler. In diesem Jahr hatte er sogar die Kamele bis nach Damaskus getrieben, um nach der Olivenernte dort das Öl zu verkaufen.

»Was willst du damit sagen, mein Sohn?« Sein Vater wandte sich ihm zu. Er wußte, daß sein Sohn schon seit langem nicht mehr an die alten griechischen Götter glaubte und den Aberglauben der Kanaaniter nicht mehr teilte.

»Philo mag vielleicht verächtlich von diesem Propheten sprechen, aber er hat nicht die Hälfte gehört. Ganz Galiläa spricht von ihm. In dem Gasthaus, wo ich übernachtete, erzählten sich die Reisenden Geschichten von einem jüdischen Wundermann, der alle Krankheiten heilen könne. Einer, der ein verständiger Mann war, hat sogar erzählt, daß dieser Prophet ein junges Mädchen, die Tochter eines religiösen Führers, die gestorben war, wieder lebendig gemacht hat.«

Ein ungläubiges Raunen ging durch den Raum.

»Ich erzähle euch nur, was ich gehört habe«, sagte mein Cousin achselzuckend. »Man sagt, daß dieser Mann Macht über Leben und Tod hat. Viele meinen, er sei der große Retter, auf den die Juden warten. Andere hoffen insgeheim, daß er das Land von der römischen Besatzungsmacht befreien wird.«

»Schön blöd, wenn sie das versuchen wollen«, sagte Onkel Etbaal kurz. »Haben sie denn vergessen, was vor weniger als dreißig Jahren geschah, als sie sich gegen Herodes Archelaus erhoben? Dreitausend Aufständische wurden hingerichtet und an die zweitausend vor den Toren Jerusalems gekreuzigt! Nein, mein Sohn, eine Verschwörung gegen die Römer zahlt sich nicht aus. Wenn dieser Prophet das vorhat, wird er kläglich versagen.«

»Aber wenn er ein Gott ist? Wenn er Gewalt über den Tod hat, hat er vielleicht auch Macht über seine Feinde. Vielleicht ist er stärker als alles?«

Das kam von Ione, leise und schüchtern, und Onkel Etbaal wandte sich ihr zu und antwortete ihr, wie er einem Mann geantwortet hätte. Ich fand das sehr nett von ihm, denn Ione war nur ein kleines Mädchen und hätte eigentlich kein Wort sagen dürfen.

»Wo ist der Gott, der stärker als alles ist?« fragte er und lächelte ihr ins errötete Gesicht. »Es heißt, daß der Gott der Israeliten ein mächtiger Gott war und große Wunder vollbrachte, aber sein Volk wird jetzt von einer Besatzungsmacht unterdrückt, und Gott macht keinen Finger krumm, um es zu retten. Unsere eigenen Kriegs- und Fruchtbarkeitsgötter können uns auch nicht retten. Auch die römischen Götter sind veraltet, wer ehrt sie heutzutage noch. Anscheinend soll nun der Kaiser an ihrer Stelle angebetet werden.«

»Ja«, stimmte ihm sein Sohn zu. »Der Vierfürst Philippus hat die Stadt des Gottes Pan — Panion — in Cäsarea Philipppi umbenannt nach dem Kaiser und dem Vierfürst, und die Leute sagen, daß einer so schlecht wie der andere sei.«

Meine Tante sah ihn nervös an, und Onkel Etbaal runzelte die Stirn. Es war gefährlich, schlecht vom Kaiser zu sprechen, und manche Männer hatten Bemerkungen wie diese mit ihrem Leben bezahlen müssen. Ich saß still da, hörte zu und dachte an die Worte meiner Mutter in jener Nacht: »Die Macht des Bösen ist stärker als jede andere Macht.« Ich sah zu meinem Onkel auf.

»Onkel,« fragte ich, »welche Macht ist deiner Meinung nach die stärkste?«

Er überlegte einen Augenblick und antwortete mir dann sehr ernst: »Unsere Vorfahren haben die Götter auf hohen Hügeln und unter den Bäumen angebetet und sogar ihre Kinder geopfert, um die Gunst der Götter zu erlangen. Doch was passiert, wenn man sie vergißt und ignoriert? Die Sonne geht dennoch auf, das Getreide wächst auch weiterhin. Tag und Nacht, Saat und Ernte hören nie auf. Wenn eine Dürrezeit kommt, schreien die Menschen zu den Göttern um Hilfe, aber deshalb regnet es trotzdem nicht, und die Oliven- und Weinernte wird zerstört. Manche meinen, es sei das Werk der Fruchtbarkeitsgöttin, aber ich glaube einfach an die Macht der Natur, an das Leben auf der Erde, das tut, was es will, ohne sich um den Menschen zu kümmern. Ich glaube an die Kraft, die die Sterne in ihren Bahnen lenkt und den Regen auf die Erde schickt.«

Er blickte über sein fruchtbares, bestelltes Land, während er sprach und hätte sicher noch lange weitergeredet, doch ich sah auch hinaus und bemerkte, daß die Schatten der Ölbäume länger wurden. Ich sprang auf.

»Wir müssen sofort gehen«, sagte ich. »Mein Vater will vielleicht mit dem Boot hinausfahren, und ich darf nicht zu spät kommen.«

Onkel Etbaal sah aufs Meer hinaus. »Ich glaube kaum, daß ihr heute nacht hinausfahrt,« sagte er. »Schau dir den westlichen Himmel an, ein Sturm wird aufkommen.«

Ich sah hinaus. Über dem Meer herrschte eine eigenartige Beleuchtung, obwohl es noch einige Stunden vor Sonnenuntergang war und kein Lüftchen sich regte. Ich war mir nicht sicher, wie sich mein Vater entscheiden würde, deshalb bedankten wir uns und verabschiedeten uns mit Bedauern, denn es war ein schöner Tag, den wir in vollen Zügen genossen hatten.

Ich ging schnell die Küstenstraße hinunter, denn ich wollte nicht zu spät sein, und Ione trabte hinter mir her. Einmal drehte ich mich nach ihr um, ob sie auch folgte, da stand sie ganz still und sah aufs Meer hinaus. Trotz der Windstille war die See noch vom nächtlichen Sturm aufgewühlt. Die dunkelblauen Wogen fingen das Nachmittagslicht ein, und die Gischt glänzte wie Rauhreif.

»Beeil dich, Ione!« schrie ich.

Sie rannte auf mich zu, atemlos und mit hellen Augen.

»Aber wenn er wirklich durch ein einziges Wort kranke Menschen heilt und Tote auferweckt, dann sind doch all die Dinge, von denen unser Onkel gesprochen hat, wie beispielsweise Trockenheit oder Stürme, nicht so wichtig, nicht wahr?« überlegte sie laut. »Ich meine, er könnte dann alles in Ordnung bringen ...«

Da wußte ich, daß dieser merkwürdige Wundertäter Iones Herz gefangengenommen hatte, und weder mein Necken noch meine Argumente konnten ihn daraus vertreiben. Ich ging schweigend und zornig weiter, denn jetzt schienen beide Schwestern besessen zu sein, die eine von der bösen Macht und die andere von ... ich wußte es nicht.

4. Kapitel

Als wir über den Damm zur Stadt gingen, war die Sonne von Wolken verdeckt und ein stärkerer Wind aufgekommen, der uns Sand in die Augen blies. Mein Vater stand schon in der Tür und sah die Straße hinunter, aber er war nicht böse.

»Hol dir was zu essen, Junge!« sagte er kurz angebunden. »Wir werden heute nacht hinausfahren. Die Männer sind schon benachrichtigt. Der Wind ist viel schwächer als gestern.«

Ich zog meine Fischerkleidung an und eilte, noch kauend, mit meinem Vater die Straße hinunter. Ich war erleichtert, daß ich unserem Haus den Rücken kehren konnte, denn Illyrika hatte wieder einen ihrer Anfälle. Sie starrte wild in die Luft und trommelte mit ihren Fäusten gegen ihre Brust. Dabei faselte sie immer noch von einem großen Sturm, der aufkommen sollte. Es dämmerte bereits, als wir den Strand erreichten, wo die starke Brandung über den Kies rollte und der salzige Wind uns ins Gesicht fuhr. Mich überkam eine seltsame Angst, und ich drückte mich eng an meinen Vater. Die anderen Männer starrten auf eine schwarze Wolkenbank am Horizont.

»Im Westen braut sich ein Sturm zusammen!« bemerkte einer.

»Er ist noch nicht hier«, sagte mein Vater, »und wir werden vor ihm zurückrudern. Wir werden nur ein paar Stunden hinausfahren und in der Nähe der Küste bleiben.«

Keiner wagte es, einen weiteren Einwand zu äußern. Wir machten das Boot klar, fuhren in den starken Seegang hinaus und warfen das Netz unweit der Küste aus. Es war windig und klar in der Dunkelheit, und wir konnten die winzigen Lichtpunkte der Lampen erkennen, die über Nacht in den Häusern brannten. Wir arbeiteten wie gewöhnlich still vor uns hin. Es schien reichlich Fische zu geben.

Ungefähr zwei Stunden nach Mitternacht mußte es gewesen sein, als ich plötzlich laut aufschrie. Der Mond war über den Bergen aufgegangen und hatte die Wolkenwand durchbrochen. Er beschien nun die See, und ich erkannte direkt vor uns eine riesige dunkle Welle, die im nächsten Augenblick über uns zusammenschlagen würde. Alle wandten sich um, und dann erklang lautes Klagegeschrei, als die Männer auf die Knie fielen und jeder angesichts des Todes seinen Gott anrief. Nur mein Vater setzte sich neben mich und hielt mich fest umschlungen.

Kurz darauf war rings um uns nichts als Wasser. Tosender Sturm und krachende Wogen stießen unser Boot wie eine Nußschale umher und füllten es mit Wasser. Ich weiß nicht genau, was im einzelnen geschah. Ich erinnere mich nur an Dunkelheit und Wirrwarr, wirbelndes schwarzes Wasser und eisige Kälte. Mein Vater hielt mich mit eisernem Griff umklammert und zog mich irgendwie zu einem abgebrochenen Teil des Mastes. Ich ergriff es, aber es war nur ein leichtes Rundholz, zu leicht, um uns beide zu tragen.

»Halt dich dran fest, Sohn!« schrie er mir ins Ohr. »Es ist Gezeitenwechsel, und der Sturm wird dich an die Küste treiben. Schau nach den Küstenlichtern und dem Morgen aus ... und sorge für deine Mutter!« Dann ließ er mich los. Eine große Woge riß ihn mit sich fort in die schwarze Tiefe. Ich wußte, daß ich ihn nie wiedersehen würde.

Trotz der hohen Wellen konnte ich, an den Spanten geklammert, meinen Kopf über Wasser halten. Lichter sah ich keine; alles wurde von der Nacht und dem peitschenden Regen verschluckt. Aber der Sturm blies in Richtung Osten, und ich wußte, daß ich mit der Zeit an Land getrieben würde — wenn ich mich nur so lange festhalten konnte! Ich dachte an Onkel Adoram, der sich wünschte, im Meer zu sterben. Ob mein Vater sich das auch gewünscht hatte? Aber ich wollte noch nicht sterben, denn ich war erst zwölf, und das ganze Leben lag noch vor mir. Ich klammerte mich verzweifelt an das Holz und rief alle Götter an, die ich kannte, Erbarmen zu haben und mich zu retten.

Während ich nach Luft rang und so auf die Wellenkämme getrieben wurde und dann in die Wellentäler hinabfiel, dachte ich an die Worte meines anderen Onkels. »Ich glaube an die Naturgewalten, an das Leben auf der Erde, das tut, was es will, ohne sich um den Menschen zu kümmern.« Ich fand, daß er recht hatte, denn nun war ich der höchsten Gewalt ausgeliefert, die weder Gott noch Mensch zähmen konnte, der Macht des

Unwetters, des Windes und des Wassers, und ich war nichts weiter als ein belangloses Stück Treibholz. Da überkam mich eine schreckliche Verzweiflung, und ich heulte laut auf vor Angst und Einsamkeit.

Nur ein sehr kräftiger Junge konnte das überleben. Doch ich war wirklich ein starker Junge, denn ich hatte kaum zu laufen begonnen, da half ich schon beim Einholen des Netzes mit. Außerdem war das Herbstwetter trotz des Sturmes vergleichsweise mild und das Wasser noch nicht bitterkalt. Ich hatte keine Ahnung, wie lange ich schon im Wasser umhergetrieben wurde. Da wurde es noch dunkler. Ich hatte vergessen, daß die Stunde vor Morgengrauen am dunkelsten ist, und meinte, die Nacht würde keine Ende nehmen, und ich würde im nächsten Augenblick ohnmächtig im Abgrund versinken. Doch das geschah nicht, denn meine steifen Finger umklammerten immer noch den Spanten. Ich sehnte mich mit jeder Faser meines Körpers danach zu leben, den Strand unter meinen Füßen zu fühlen, das Gesicht meiner Mutter wiederzusehen (wie konnte ich nur gemeint haben, sie zu hassen?), Iones kleine, warme Hand in der meinigen und die Sonne auf unseren Gesichtern zu spüren. Oh, das Leben war so schön, und ich hatte es nie richtig zu schätzen gewußt! Ich setzte meine tauben Beine in Bewegung und bemühte mich, in Richtung Küste zu schwimmen. Aber ich hatte völlig die Orientierung verloren und schien mich nur im Kreis zu drehen.

Und dann merkte ich, daß der Sturm sich legte. Der Wind heulte nicht mehr, und obwohl die Wellen sich mächtig hoben und senkten, krachten sie doch nicht mehr über mir zusammen. So wurde ich jetzt auf der auf- und abgehenden Oberfläche des schwarzen Meeres fortgetragen. Ich konnte wieder klarer denken. Ich wußte, daß mich dieser starke Westwind zur Küste trieb. Und weil ich schon so lange auf dem Wasser trieb, mußte ja einmal der Morgen anbrechen. Die Frage war nur, ob ich mich lange genug am Holz festhalten konnte.

Ganz allmählich wurde es etwas heller. Plötzlich stellte ich fest, daß das Wasser nicht mehr schwarz, sondern braun um mich herumwirbelte. Als ich auf den nächsten Wellenkamm getragen wurde, konnte ich die Bergkette am Horizont erkennen. Geisterhaft stand sie vor dem blassen Himmel. Da begann ich mit aller Kraft zu schwimmen. Als ich wieder von den Wellen hochgehoben wurde, erblickte ich den verwüsteten Strand dicht vor mir im Zwielicht. Kurz darauf berührten meine Füße den Grund. Viele Menschen standen, fest in Mäntel gehüllt, am Rand der Bucht, weinten und klagten. Dort, wo die Fischerhütten vom wütenden Sturm umgerissen worden waren, war der Sand mit angeschwemmtem Seetang und Holztrümmern übersät.

Im grauen Tageslicht kroch ich an Land. Da sahen mich die Leute. Ein lautes Geschrei folgte, und etwa ein Dutzend Männer eilten auf mich zu und legten mich sanft in den Sand. Einen Augenblick später drückte mich meine Mutter an sich, und wir weinten miteinander um meinen Vater. Dann wurde ich in trockene Decken gehüllt, bekam Wein eingeflößt und wurde auf einer Bahre nach Hause getragen. Irgendwo brannte ein Feuer, und allmählich kehrte das Leben sehr schmerzhaft in meine tauben Glieder zurück. Ione saß neben mir. Dann fiel ich in tiefen Schlaf.

Ich schlief und schlief und lag zwei weitere Tage und Nächte im Schlummerzustand. Ich war so erschöpft und zerschlagen, daß ich kaum die Augen öffnen konnte. Ich träumte immer wieder, wie ich vom schwarzen Meer hin- und hergeworfen wurde und kurz davor war, von den Wogen verschlungen zu werden. Aber jedesmal, wenn ich von diesen Alpträumen erwachte, war Ione da und brachte mir Wein oder Wasser oder was ich sonst brauchte. Sie umgab mich mit ihrer frohen Art und beruhigte und tröstete mich.

Am dritten Tag erwachte ich und versuchte aufzustehen. Es gelang mir mit großer Anstrengung. Mein Körper war ganz steif. Meine Mutter und Ione waren zum Brunnen gegangen, und Illyrika lag noch schlafend in ihrer Ecke. Ich schlich mich aus dem Haus, lehnte mich wie ein alter Mann an den Türpfosten und streckte Hände und Gesicht der schwachen Wintersonne entgegen. Aber mein Verstand war klar, und während ich dort stand, spürte ich, wie das Leben in mir wieder erwachte. Dann bogen meine Mutter und Ione in die Straße ein. Graziös und aufrecht trugen sie die großen Tonkrüge auf dem Kopf. Meine Mutter trug zusätzlich noch zwei lederne Wassereimer. Sie freuten sich, mich wieder auf den Beinen zu sehen, aber ihre Augen waren rotgeweint. Dann wankte ich wieder ins Haus zurück, weil ich noch sehr schwach war, und weinte ebenfalls, denn die Zukunft ohne meinen Vater sah trübe aus.

Während ich geschlafen hatte, war viel geschehen, und beim Frühstück erfuhr ich einiges davon. Meine Mutter erzählte mir, daß der Leichnam meines Vater ein paar Stunden, nachdem ich an Land gekrochen war, an den Strand gespült worden war. Im Laufe des Tages waren zwei weitere Leichen unserer Besatzung und einige von anderen Booten geborgen worden. Aber nicht alle waren umgekommen. Als das Meer sich beruhigte, fuhren Boote hinaus, und zwei Männer konnten hereingeholt werden, die sich an einem kieloben treibenden Boot festgehalten hatten. Weitere Männer kamen, an Wrackteile geklammert, hereingeschwommen, unter ihnen unser viertes Mannschaftsmitglied, ein junger Mann namens Hiram.

Der Rumpf des zerstörten Bootes, der auch an Land getrieben worden war, gehörte nun mir. Aber da ich zu jung war, um das Boot zu führen, würden wir es vorerst an Hiram vermieten, der es reparieren und wieder flottmachen wollte. Ich sollte in die Mannschaft aufgenommen werden, bis ich alt und stark genug war, um mir eine Mannschaft zusammenzustellen und das Boot selbst zu steuern.

Mir war elend zumute, denn ich hatte Hiram nie besonders leiden mögen. Er war in meinen Augen hinterlistig und immer nur auf seinen eigenen Vorteil bedacht und ständig unzufrieden mit seinem Lohn. Mein Vater hatte kürzlich angedeutet, daß er ihn loswerden wollte, und jetzt sollte er plötzlich mein Herr sein! Wenn es ein Freund meines Vater gewesen wäre — aber Hiram! Doch er muß der einzige gewesen sein, der sich angeboten hatte, das Boot zu übernehmen. Wieder einmal war ich wütend auf meine Jugend, meine Hilflosigkeit und den Verlust meines Vaters. Ich fühlte mich wie ein Strohhalm, der den rücksichtslosen Stürmen des Schicksals ausgeliefert war. Ich sollte einem Chef dienen, den ich haßte, und mein Zuhause war von einer bösen Macht überschattet. In meiner Schwachheit wünschte ich, ich wäre zusammen mit denen, die ich liebte, im Meer untergegangen.

Aber das Leben mußte weitergehen. Ich hatte gut gegessen und getrunken und fühlte mich etwas kräftiger. Auch konnte ich meine Glieder wieder besser bewegen. Jetzt wollte ich sehen, was von dem Boot — meinem Boot — noch übriggeblieben war. Zuerst ging ich ganz langsam zum Strand hinunter, doch mit jedem Schritt ging es besser. Als ich unten anlangte, ging ich fast normal. Da bot sich mir ein schreckliches Bild. Der Strand war überhäuft von angeschwemmtem Seetang und Strandgut. Die Überreste der Hütten bildeten einen riesigen Abfallhaufen, und das Meer selbst war verschmutzt, braun und aufgewühlt. Aber ich fand, wonach ich suchte: den mast- und ruderlosen Rumpf von dem Boot, das einmal das Boot meines Vaters war. Hiram war schon dabei, es auszubessern. Dieser Anblick brachte mich aus der Fassung, und ich benahm mich unmöglich.

»Leiste anständige Arbeit!« befahl ich, wobei ich versuchte, meine Stimme so barsch wie möglich klingen zu lassen. Ich brachte aber nur ein Krächzen hervor. »Ich übernehme es bald und möchte keine schlampige Arbeit sehen.«

Er sah grinsend zu mir herab, und das machte mich rasend. »Gewiß, mein kleiner Herr,« spottete er. »Da ich es für ein paar Jahre selbst steuere, leiste ich sicherlich gute Arbeit. Ich habe sogar daran gedacht, dich in meine Mannschaft aufzunehmen, wenn du dich gut benimmst. Du bist ein kräftiger junger Bursche, aber du hast noch viel zu lernen.«

Es machte ihm einen Riesenspaß, und ich war ihm hilflos ausgeliefert. Ich war ja nur ein Kind und mußte diesem gemeinen Kerl jahrelang gehorchen. Wie würde er es genießen, mich herumzukommandieren! Deshalb sagte ich wütend: »Ich werde noch einmal mit meiner Mutter darüber sprechen. Es gibt eine ganze Reihe Leute, die froh wären, unser Boot mieten zu können, und wir haben uns noch nicht endgültig festgelegt.«

Er grinste wieder, doch diesmal war sein Grinsen durch und durch boshaft.

»Da wirst du dich lange umschauen müssen«, sagte er sanft, »bevor du jemanden findest, der bereit ist, von jemandem, der mit dem Bösen unter einer Decke steckt, ein Boot zu mieten. Du kannst von Glück reden, daß ich nicht abergläubisch bin und das Risiko eingehe.«

Ich war wie vor den Kopf gestoßen und starrte ihn an. Er merkte, daß er mich völlig aus der Fassung gebracht hatte.

»Vielleicht hast du gar nicht mitbekommen, was die Leute reden?« fuhr er fort, immer noch sanft, und beugte sich dabei zu mir herab: »Jeder redet davon. Sie haben alle gehört, wie deine Schwester in der Nacht durch die Straßen lief und etwas von einem großen Sturm schrie. Wer hat diesen Sturm heraufbeschworen? Deine Familie ist verflucht, Philo, und dein Boot bringt Unglück. Wer möchte schon mit denen ausfahren, die mit den bösen Geistern zu tun haben?«

Ich wandte mich um und ging fort, damit er nicht sah, daß ich wie ein verängstigtes Kind am ganzen Leib zitterte. Meine Beine versagten, als ich zu rennen versuchte. Doch selbst in dieser Panikstimmung fiel mir auf, daß mich keiner anredete oder mir sein Beileid über den Tod meines Vaters aussprach. Die Menschen gingen mir aus dem Weg. Wenn ich vorbeikam, bogen sie in Seitenstraßen ab. Und jetzt wußte ich, warum: Der dunkle Schatten hatte uns alle verschlungen.

Als ich zu Hause ankam, legte ich mich hin, mit dröhnendem Kopf und schmerzenden Gliedern, erwähnte aber nichts von dem, was ich gehört hatte. Meine Mutter saß allein da, denn die Nachbarn fürchteten sich, unser Haus zu betreten und mit ihr die Totenklage zu halten. Am Abend ging Ione zum Brunnen. Zu dieser Zeit wurden all die kleinen weißen Häuser in der Straße vom goldenen Abendlicht überflutet. Das war die Stunde des Friedens und der Heimkehr. Aber Ione kehrte viel schneller als gewöhnlich zurück; wir hörten sie draußen auf der Straße rennen. Sie eilte ins Haus und schlug die Türe zu. Während sie den Wasserkrug vom Kopf nahm, sah ich, daß sie am ganzen Leib zitterte.

»Was ist denn los, Ione?« fragten meine Mutter und ich gleichzeitig.

»Sie haben gesagt«, flüsterte sie und warf einen ängstlichen Blick auf Illyrika, die in einer Ecke saß und in die Luft starrte, »sie haben gesagt, daß Illyrika schuld ist an dem Sturm ... und daß unser Haus verflucht ist ... sie haben mir einen Stein nachgeworden und gerufen ...« sie schlug die Hände vors Gesicht und begann zu schluchzen. »Sie haben gerufen: 'Deine Schwester muß sterben!'«

Einen Augenblick stellte ich mir vor, wie unser Leben aussähe, wenn Illyrika nicht mehr wäre, aber das kreidebleiche Gesicht meiner Mutter brachte mich zur Vernunft.

»Was ist denn das für ein Unsinn?« rief ich empört. Ich war nie zuvor so wütend gewesen, und diese Wut machte mich stark. Ich vergaß meine ganze Müdigkeit und schritt in die Dämmerung hinaus, die Straße hinunter zur Wirtschaft am Strand, wo sich die Männer abends einfanden.

Ich stieß die Tür auf, und als ich mitten unter ihnen stand, fühlte ich mich wie der Riese Goliat. Sobald ich eingetreten war, wurde es schlagartig still im Raum, daher wußte ich, worüber sie gesprochen hatten.

»Was soll das eigentlich bedeuten?« rief ich. »Meine Schwester soll einen Sturm heraufbeschworen haben, der dazu führte, daß mein Vater, den wir alle liebten, ertrank? Meine Schwester hat uns im Gegenteil vor einem Sturm gewarnt, aber wir haben ihre Worte nicht beachtet. Wollt ihr denn einen Menschen töten, durch den die Götter uns vor Unglück warnen? Soll sie etwa sterben, nur weil wir uns weigerten, auf sie zu hören?«

Ich sah dem großen, bärtigen Wirt, der mitten in der Runde saß, direkt in die Augen. Er war einer der Ratsherren der Stadt und ein Freund meines Vaters gewesen. Er nickte und wandte sich an die anderen. Einige von ihnen sahen nachdenklich, andere ängstlich oder verlegen aus.

»Der Kleine hat recht«, sagte er ruhig. »Wir wollen nicht mehr davon sprechen, sie umzubringen. Sollten wir jemand töten, dem die Götter die Zukunft offenbaren? Wenn sie wieder einmal rufend durch die Straßen geht, wollen wir darauf hören, was sie uns zu sagen hat, und uns danach richten.«

Ein zustimmendes Gemurmel ertönte, und ich fühlte mich auf einmal sehr klein, wie ich da verschüchtert im Lampenlicht stand und alle Augen auf mich gerichtet waren. Ich drehte mich um und rannte erleichtert in die schützende Dunkelheit hinaus, denn ich hatte wie ein Mann zu Männern gesprochen, und sie hatten auf mich gehört.

Illyrikas Leben schwebte nicht mehr in Gefahr — aber wie wütend war ich darüber, daß der Freund meines verstorbenen Vaters mich »der Kleine« genannt hatte!

5. Kapitel

Keiner sprach mehr davon, daß meine Schwester sterben müsse, aber die Klatschmäuler hatten gute Arbeit geleistet. Jeder fürchtete sich vor uns und wechselte auf die andere Straßenseite, wenn er an unserem Haus vorbeikam. Die Frauen sprachen selten mit meiner Mutter, wenn sie zum Brunnen kam, und die wenigen Besucher, die unser Haus betraten, boten uns Geld an, damit Illyrika ihnen die Zukunft voraussage oder einen Feind mit einem Fluch behafte. Ein Mann wollte sie sogar kaufen und zur berufsmäßigen Wahrsagerin machen, aber meine Mutter ging nicht darauf ein, obwohl sie dringend Geld benötigte. Sie wollte die bösen Mächte nicht wecken, die von Illyrika Besitz ergriffen hatten. Sie umsorgte und liebte ihre Tochter, und manchmal, wenn sie wieder ruhelos war, betäubte sie sie mit Wein und Myrrhe, denn dann war das Mädchen eine Zeitlang ruhiger.

Es war ein dunkler, unfreundlicher Winter. Das Wetter war oft stürmisch, mit starken Regenfällen, und beißende Ostwinde bliesen von den schneebedeckten Gipfeln des Hermon und Libanon herunter. Viele Nächte lang war es unmöglich, zum Fischen aufs Meer zu fahren, und mir blieb nichts anderes übrig, als am Strand entlangzuwandern oder in unserem verfluchten Haus zu sitzen. Die anderen Jungen gingen mir aus dem Weg, und wenn ich versuchte, mit ihnen zu spielen, spürte ich, wie unbehaglich es ihnen in meiner Gegenwart war. Der Verlust meines Vaters war wie eine Wunde in mir, die nicht heilen wollte. Ich sehnte mich nicht mehr danach, mit dem Boot hinauszufahren, denn Hiram war ein böser Mann, der ruchlose Partner angeheuert hatte, die von schlechten Dingen sprachen. Außerdem hatte Hiram meine Worte am Strand nicht vergessen, und er hatte seinen Spaß daran, mich als kleinen Jungen zu behandeln. Er ließ mich alle schmutzige Arbeit verrichten und betrog mich um meinen Lohn und meinen Anteil am Fischfang. Es gab niemanden, bei dem ich mich hätte beschweren und niemand, der mir hätte helfen können. Ein hoffnungsloser, dumpfer Haß wuchs in meinem Herzen, und ich konnte kaum an etwas anderes denken. Oft wanderte ich stundenlang an der Küste entlang bis zur Landzunge von Sidon, wobei ich mir in Gedanken ausmalte, wie ich mich an Hiram rächen würde, wenn ich erst einmal erwachsen und mächtig war.

Wir waren sehr arm, denn mein Lohn war dürftig, selbst wenn ich den vollen Betrag erhielt, und die Pacht, die Hiram für unser Boot zahlte, war gering. Wenn unsere Verwandten uns nicht unterstützt hätten, wäre es uns schlecht ergangen. Aber sie sorgten für uns und sandten uns von Zeit zu Zeit Getreide, Oliven, Rosinen und Flaschen voll Milch, Wein und Öl. Ich hätte meine freien Tage liebend gern bei ihnen auf dem Hof verbracht, doch selbst dort fühlte ich mich nicht wohl. Sie waren freundlich, behandelten uns aber mit großer Distanz, wenn wir zu Besuch waren. Tante Anat nestelte dabei ständig an ihren Amuletten herum und beobachtete uns fortwährend aus den Augenwinkeln, so daß ich froh war, wenn ich wieder gehen konnte.

Wäre Ione nicht gewesen, wir hätten in der Tat ein einsames, abgesondertes Leben geführt und nichts von dem, was in der Stadt oder auf dem Festland geschah, mitbekommen. Aber Ione schien alle Schranken niederzureißen, ihre Freundlichkeit und Güte breiteten sich wie kleine Ranken aus und zogen die Menschen zu sich. Sie arbeitete schwer für ein kleines Mädchen: Sie schöpfte Wasser, sammelte Gras und Zweige als Brennmaterial, grub eßbare Wurzeln am Hang aus, putzte, mahlte und backte. Aber wenn sie ihre Arbeit erledigt hatte, besuchte sie ihre Freunde. Dort, wo Mutter und ich gemieden und gefürchtet waren, wurde sie aufgenommen und begrüßt. Sie war wie der Sonnenschein, den man nicht aussperren kann, während wir von der Sorge, dem Haß und der Angst verfolgt wurden, wohin wir auch gingen.

Ione verbrachte viel Zeit bei einem kleinen, blinden Mädchen, das in einer Villa am Hafen wohnte. Es hieß Astarte. Sie war von Geburt an blind, aber ihre Familie war wohlhabend und besaß ein großes Boot. Sie hatte Astarte nie zum Betteln hinausgeschickt. Wenn schönes Wetter war, saß sie in der offenen Tür im Sonnenschein, hob ihr Gesicht der Wärme entgegen und horchte auf die Schritte der Vorübergehenden. Sie und Ione hatten einander sehr gern. Wenn ich an ihrem Haus vorüberging, saßen die beiden oft dicht beieinander und hatten die Köpfe zusammengesteckt. Sie schienen unaufhörlich und gleichzeitig miteinander zu reden — jedenfalls gewann ich diesen Eindruck. Als ich eines Abends von der Küste heraufkam, rannte Ione hinter mir her, und wir gingen gemeinsam nach Hause.

»Wovon redet ihr beiden eigentlich die ganze Zeit?« fragte ich lachend. »Ihr scheint nie ein Ende zu finden.«

Ione sah zur Seite und antwortete dann recht schüchtern: »Ich hab' ihr von dem Propheten erzählt, und wir haben von dem kleinen Jungen im Garten gesprochen.«

»Ach, von dem! Willst du damit sagen, daß du immer noch an ihn denkst?«

Ihre Augen strahlten, und sie preßte ihre Lippen fest aufeinander, als wolle sie etwas verschweigen. Aber sie war nicht sehr geübt darin, Geheimnisse zu bewahren, und einen Augenblick später purzelte alles heraus.

»Jeder denkt über ihn nach, Philo. Das war nämlich nicht das einzige, was er tat. Du sprichst ja nie mit den Leuten, deshalb kriegst du nichts mit. Er hat viele wundervolle Dinge getan, und die Menschen kommen von weither zu ihm. Sogar Syrer gehen zu ihm, auch Leute von unserer Küste, von Tyrus und Sidon.«

»Na, ich denke, sie werden schnell genug zurückkommen«, antwortete ich schnippisch. »Er ist ein eingebildeter Jude, oder nicht? Kannst du dir vorstellen, daß er etwas mit heidnischen Leuten zu tun haben will? Du vergißt, Ione, daß es der Sohn eines Hauptmanns war, den dieser Prophet angeblich geheilt hat, und sicherlich hat er dafür einen ordentlichen Batzen Geld bekommen.«

Sie sah mich erstaunt an. »Er ist ein Jude, das stimmt«, entgegnete sie, »aber ich glaube nicht, daß er stolz ist. Die Menschen, die ihm nachfolgen, sind Fischer, genau wie wir, und ich denke auch nicht, daß die Leute, die er heilt, alles Reiche sind. Einige von ihnen sind lahm und blind.«

Ich fiel wütend über sie her. »Hör doch auf, solchen Unsinn zu erzählen, Ione!« fuhr ich sie an. »Ich kann ja noch die Geschichte schlucken von dem Kind, das sich von einem Fieber erholt hat. Das hört man alle Tage. Aber wo gibt es das schon, daß ein Blinder wieder sehend wird! Das ist völliger Blödsinn, also sei vernünftig, und glaube nicht jedes Ammenmärchen, das man dir erzählt!«

Sie antwortete nicht. Sie lächelte nur ziemlich geheimnisvoll, und ich mußte annehmen, daß sie mehr wußte, als sie erzählte. Aber wir sprachen nicht mehr davon, denn wir wußten beide, daß der Name des Propheten nicht vor meiner Schwester erwähnt werden durfte, obwohl ich mir sicher war, daß Illyrika ahnte, was wir vor ihr nie erwähnten. Denn sie starrte Ione mit haßerfüllten und angstvollen Augen aus ihrer dunklen Ecke an.

Der Winter kam uns sehr lange vor, doch an der syrophönizischen Küste dauern der kalte Wind und die starken Regenfälle nie lange an. Als wir eines Nachts fischten, spürte ich, wie der sanfte Hauch des Westwindes von Zypern und den Inseln herüberwehte. Mein Herz hüpfte vor Freude, denn selbst Hiram konnte es nicht verhindern, daß der Frühling Einzug hielt. Es gab eigentlich nichts zu hoffen, und dennoch lag ein Hoffnungsschimmer in der Luft, und dieses Gefühl hatte immer noch nicht nachgelassen, als wir bei Sonnenaufgang zur Küste zurückruderten. Die Sonne wärmte mich, als ich die Straße hinaufging, um mich zu Hause schlafenzulegen, und in der Luft hing ein süßer Duft. Ione schien fast verrückt zu sein, so überschäumend war sie vor Freude und geheimem Wissen. Wenn sie dem Haus den Rücken kehren konnte, trällerte sie vor sich hin, zügelte sich aber, wenn sie es wieder betrat, denn Freude war etwas, was Illyrika mehr als alles andere ärgerte. In der Tat gab es wenig Freude in unserem Haus. Die Trauer meiner Mutter und meine schwermütige Stimmung glichen der ihrigen, und so nahm sie mich kaum wahr. Aber sie spürte Iones verhaltene Fröhlichkeit, und manchmal fragte ich mich, ob sie sie eines Tages anspringen und töten würde. Dieser Gedanke beunruhigte mich, und schließlich teilte ich meine Ängste meiner Mutter mit, während Illyrika schlief.

Mutter schüttelte den Kopf. »Ich glaube nicht, daß Illyrika Ione jemals ein Leid antun wird«, sagte sie ruhig. »Sie haßt das Tageslicht, und wenn sie die Wut überfällt, muß Ione nur nach draußen rennen, wie sie es schon oft getan hat. Bricht der Tobsuchtsanfall in der Nacht aus, schläft sie doch in meinen Armen. Ich würde sie zurückhalten oder ihr folgen. Das letzte Mal ging sie zum Grab eures Vaters und weinte dort die ganze Nacht lang und ritzte sich mit scharfen Steinen blutig.«

»Aber Mutter, wenn sie einen Anfall hat, ist sie zweimal so

stark wie ein erwachsener Mann. Wie kannst du sie dann abhalten? Du solltest sie an einen Pflock in der Wand ketten, wie andere es tun. Sie haßt etwas an Ione aus tiefstem Herzen. So ist mir Ione nicht sicher genug.«

Ich hatte diese Gedanken nie zuvor laut geäußert und erwartete, daß meine Mutter für Illyrika Partei ergriff. Aber sie blieb still, doch ich merkte, daß sie sehr besorgt aussah.

Der Frühling kam trotz des Schattens, der schwer auf unserer Familie lastete, wie eine Flut ins Land. Die Fische hatten jetzt Laichzeit, und die Netze waren morgens brechendvoll. Ich hatte wenig Zeit zum Spazierengehen, denn wir waren Tag und Nacht beschäftigt, und die Arbeit für einen Herrn, den man haßt, ist doppelt schwer. Wenn der Fang sortiert und zum Markt getragen war und die Netze sauber und geflickt im Boot lagen, wollte ich nichts weiter als schlafengehen. Aber ich wußte, daß auf der anderen Seite des Dammes die Mandelblüten im Frühlingswind schaukelten, die Schafe auf den grünen Wiesen ihre Lämmer warfen und das Ackerland den Spätregen und Samen erwartete. Wann immer sie konnte, entfloh Ione dem Haus und kehrte strahlend zurück. Sie verkörperte Leben und Frühling, und das war in unserem winterkalten Zuhause fehl am Platz. Ihre unterdrückte Fröhlichkeit reizte mich, und ich spürte das Verlangen, ihr wehzutun.

»Du scheinst deine kleine blinde Freundin plötzlich vergessen zu haben«, sagte ich eines Abends mit beißender Schärfe, als sie ins Haus schlüpfte, die Hände voll wilder Alpenveilchen.

Sie drehte sich um und stellte ihre Blumen in eine kleine Tonvase. Als sie schließlich antwortete, klang ihre Stimme recht traurig.

»Wieso ärgerst du dich immer über mich, Philo? Ich habe nichts Böses getan!«

»Weil du glücklich bist und ich nicht«, dachte ich bei mir selbst. »Weil du eine Freude entdeckt hast, von der ich nichts weiß; weil du dich weigerst, daß der schwarze Schatten dein Gemüt belastet.« Aber laut sagte ich: »Weil du ein kleiner Dummkopf und viel zu leichtherzig bist!« Und damit ging ich zur Arbeit, schlug die Tür hinter mir zu und fühlte mich in dieser Nacht noch elender als sonst.

Und dann begriff ich. Es war ungefähr eine Woche später.

Wir aßen schweigend unser Abendessen, das aus Fisch und Brot bestand, als wir draußen jemand rennen hörten. Dann flog unsere Tür auf. Auf der Schwelle stand die kleine Astarte, ihr jüngerer Bruder lachend neben ihr. Sie schaute, schaute und schaute, wobei sie die Hände ausstreckte, als wollte sie diese gewaltigen Eindrücke von Farben und Formen von sich abhalten.

»Ione, Ione!« rief sie. »Komm schnell, und laß mich dein Gesicht sehen! Ich kann sehen, Jesus hat mich geheilt!«

Wir sprangen alle auf, aber es war zu spät. Diese schrecklichen Schreie der Angst und Verzweiflung konnte man in der ganzen Nachbarschaft hören. Die Nachbarn riefen ihre Kinder vom Spiel herein und knallten ihre Türen zu. Illyrika war zu Boden gestürzt. Sie riß sich an den Haaren und zerrte an ihren Kleidern. Ich schob die beiden kleinen Mädchen auf die Straße hinaus und zwang mich, zurückzugehen und meiner Mutter beizustehen. Meine Schwester schlug ihren Kopf auf den Boden, und meine Mutter schob ein Kissen darunter, während sie ihr Koseworte zuflüsterte und sie zu beruhigen versuchte. Aber all das half nichts. Immer wieder ertönte dieses schreckliche Geschrei in der Abendstille: »Jesus, Sohn Gottes, ich kenne dich ... warum, warum nur bist du gekommen, um mich zu quälen?«

Schließlich brach sie zusammen, als könnte ihr zarter Körper den mächtigen Geist, der sie beherrschte, nicht länger aushalten. Sie schien nicht einmal mehr zu atmen, und ich hoffte, daß sie tot war. Aber meine Mutter, die sich über sie beugte, sah plötzlich mit strahlenden Augen auf: »Sie atmet noch!« flüsterte sie erleichtert. »Sie lebt.«

Ich wußte, daß sie jetzt stundenlang im Koma liegen würde, und es war Zeit für mich, aufs Meer zu fahren. Ich wollte aber zuerst wissen, was in Astartes Haus vor sich ging.

Eine Menschenmenge hatte sich vor der Tür eingefunden, und diesmal drängte ich mich mitten durch sie hindurch, ungeachtet der furchtsamen Blicke, mit denen ich bedacht wurde. Das Haus war voller Nachbarn, und Ione und Astarte saßen eng umschlungen nebeneinander. Ione war immer noch blaß, aber Astarte hatte sich nicht geängstigt. Da sie ja vorher nichts gesehen hatte, war der Anblick von Illyrika, die einen Anfall hatte, für sie nicht beunruhigender als der verwirrende Anblick eines

Menschen, der die Straße hinunterging, oder eines Esels, oder der Wellen, die ans Ufer spülten, oder des Sonnenuntergangs, oder der Anblick eines Kamels. Ihr Vater erzählte gerade, und die Leute hörten ihm ergriffen zu.

»Am Berghang hatten sich unzählige Menschenmassen eingefunden«, berichtete er. »Sie waren von überallher gekommen — aus Judäa, Dekapolis, Syrien, Galiläa und sogar von unserer Küste. Die Menge war so groß, daß es schwierig war, sich ihm irgendwie zu nähern. Ich bin dankbar, daß wir im Frühlingsanfang hingingen, denn es war nirgendwo Schatten zu finden. Die Menschen kamen fast um vor Hitze und dem Gestank der Kranken, aber sie drängten nach vorn, und die Freude derer, die ihn erreichten, war so groß, daß sie uns immer wieder Antrieb gab. Kurz vor Sonnenuntergang, gegen sechs Uhr, erreichten wir ihn endlich, jedenfalls Astarte. Wir wurden zurückgestoßen, aber seine Nachfolger schoben Astarte zu ihm.«

»Wie sah er denn aus?«

»Er unterschied sich in meinen Augen nicht von den andern Galiläern, aber so genau konnte ich ihn nicht erkennen. Er war von Menschen umzingelt und sah ständig zu denen hinab, die vor ihm knieten, deshalb konnten wir kaum einen Blick auf sein Gesicht werfen. Man mußte neben ihm stehen, um ihn zu sehen. Du warst bei ihm, Astarte, erzähl uns, wie er aussah!«

Das Kind hatte staunend auf die Menschenmenge und ihre Bewegungen gestarrt, aber als ihr Vater sie ansprach, kam ein träumerischer Ausdruck in ihre Augen.

»Ich weiß nicht«, sagte sie. »Sein Gesicht war das erste, was ich gesehen hab'. Und als ich ihn anguckte ... da wollte ich nichts anderes mehr sehen. Ich wollte einfach bei ihm bleiben.«

»Was hat er denn mit dir gemacht?«

»Er hat mich gefragt, ob ich gern sehen wollte, und ich hab' ja gesagt. Da hat er mich angerührt, und ich hab' aufgeschaut und in sein Gesicht geguckt. Und dann wollte ich am liebsten bei ihm bleiben.«

»Aber warum denn? Wolltest du dich nicht umsehen und alles andere und deine Eltern anschauen?«

»Ja ... nein ... ich hab' nur bei ihm bleiben wollen.« Sie war erst zehn, und es war nichts mehr aus ihr herauszubekommen. Sie war erschöpft von den endlosen neuen Eindrücken, die auf sie einstürmten. Ihre Augen füllten sich mit Tränen, und sie rannte zu ihrer Mutter und verbarg ihr Gesicht an ihrer Schulter.

Die Menschen wandten sich wieder an den Vater. Ich wußte, daß das Boot ohne mich hinausfahren würde, aber das war mir völlig gleichgültig; ich mußte hier zuhören. Alle hörten aufmerksam Astartes Vater zu, so daß mich keiner beachtete.

»Hast du dafür bezahlen müssen?« fragte einer.

»Oh, nein. Davon war keine Rede; die meisten waren viel zu arm, um bezahlen zu können. Am Rand der Menge standen zwei Aussätzige, die waren von Kopf bis Fuß verschleiert. Immer wieder riefen sie: 'Unrein, unrein!' Jeder achtete darauf, genügend Abstand zu ihnen zu halten. Ihr Rufen ging im Lärm der großen Menschenmassen unter. Aber irgendwie muß Jesus sie doch gehört haben. Bei Sonnenuntergang wandte er sich von der Menge ab und ging zu ihnen hinüber. Er schien sich nicht vor der Ansteckung zu fürchten. Er berührte beide und sagte etwas, was wir nicht verstehen konnten. Daraufhin stießen sie einen lauten Schrei aus, warfen ihre dreckigen Tücher ab, die sie verhüllten, streckten ihre reinen, gesunden Arme empor und lobten Gott. Kein einziger Fleck war mehr an ihnen zu sehen. Ich sah sie von nahem, denn wir gingen gerade fort.«

»Oh, laßt mich schnell raus!«

Ione war aufgesprungen und bahnte sich mit strahlendem Gesicht einen Weg zur Tür, und die anderen blickten furchtsam und murmelnd hinter ihr her. Ich hielt es für ratsam, mich ebenfalls davonzumachen.

Mir fiel die verschleierte Gestalt an der Straße nach Sarepta ein, die achtlos an uns vorbeigegangen war, und ich wußte, wohin Ione jetzt ging. Ich konnte es ihr nicht verübeln, aber sie sollte sich als Mitglied unserer Familie doch etwas weniger auffällig benehmen.

6. Kapitel

Ione mußte zu dem Haus jenseits der Bucht unterwegs sein. Ich fand es ungezogen von ihr, einfach allein wegzurennen, aber sie war schon immer impulsiv. Man konnte sie mit einem wilden, munteren Vögelchen vergleichen, das sich zwar einen Moment lang auf jemandes Hand niederlassen mochte, das man aber nicht fangen oder zähmen konnte. Doch ungezogen oder nicht, ich wollte wissen, was los war. Deshalb ging ich am Hafen entlang und setzte mich auf die Mauer, von wo aus man die Bucht überblicken konnte. Ione mußte auf diesem Weg zurückkehren.

Noch gab es keine Handelsschiffe auf dem Mittelmeer, aber in wenigen Wochen würden sich die Schiffe wieder im Hafen drängen und, beladen mit Zedernholz aus den Bergen, mit Öl und kostbaren Wandbehängen aus Damaskus, unter den freundlichen Frühlingswinden nach Rom segeln. Heute abend war es sehr still. Ich ließ meine Beine von der Mauer baumeln und dachte an die Geschichte unserer Stadt, die mir mein Großvater beigebracht hatte, als ich noch ein kleiner Junge war. Von diesem Hafen aus war einmal ein anderer Hiram nach Süden gesegelt mit Affen, Elfenbein und Pfauen an Bord für den König Salomo. Große Schiffsflotten stachen von den beiden Häfen aus nach Norden und Süden in See, um zu den äußersten Winkeln der Erde zu segeln. Die imposanten Festungsmauern unserer Inselstadt waren uneinnehmbar gewesen, bis Alexander der Große die alte Stadt auf dem Festland zerstört und einen Knüppeldamm errichtet hatte, durch den er unsere Inselstadt erobern konnte. Tyrus, die »Königin des Meeres«, fiel in seine Hand, und jetzt war der Traum aus und die Herrlichkeit vorbei. Wir waren weiter nichts als ein Fischerstädtchen mit einem kleinen Hafen.

Dann schweiften meine Gedanken in die Zukunft. Sie hatte so vielversprechend für mich ausgesehen, aber jetzt sah sie düster aus. Ein Tag war wie der andere. Zu Hause lastete ein Fluch auf uns, und im Boot begegneten mir nur Haß und Demütigung. Wieder einmal wünschte ich mir, zusammen mit meinem Vater ertrunken zu sein.

Mein Grübeln wurde jäh unterbrochen. Da kam jemand. Ich sah auf. Es war Ione, die von einem Diener, der einen Korb trug, nach Hause begleitet wurde. Ich nahm dem Diener die Last ab und dankte ihm. Als er sich entfernt hatte, zog ich Ione neben mich auf die Hafenmauer und hob den Deckel auf. Der Korb war voller Mandeln, Rosinen, Feigen und Honigkuchen, und ich langte gierig zu.

»Was fällt dir eigentlich ein, so mir nichts dir nichts wegzulaufen?« fragte ich ärgerlich, denn sie hatte ein wenig Schimpfe verdient. »Mutter wird sich Sorgen um dich machen, und überhaupt ist es eine Schande für ein Mädchen, nach Einbruch der Dunkelheit in den Straßen umherzurennen.«

»Es war noch nicht dunkel, als ich ging«, verteidigte sich Ione und stopfte sich eine Handvoll Rosinen in den Mund. »Es war Sonnenuntergang. Das Wasser im Hafen war feuerrot, vermischt mit Gold. Außerdem wußtest du, wohin ich ging, sonst wärst du nicht gekommen, um mich hier abzupassen.«

Sie lachte und kuschelte sich eng an mich, denn die Luft war recht frisch. Ich legte meinen Arm um sie, weil ich ihren kleinen warmen Körper gern neben mir spürte, und so saßen wir lange nebeneinander, redeten und kauten. Der Mond ging auf und zog eine silberne Spur über das Wasser, und wir vergaßen völlig unsere Mutter. Aber das war nicht verwunderlich, denn sie vergaß uns ja auch sehr oft.

»Erzähl mal, was passiert ist!« sagte ich. Ich war sehr neugierig, denn Isebel, die Frau des Aussätzigen, war eine traurige, geheimnisvolle Gestalt. Seit ihr Mann aus der Stadt verbannt wurde, hatte sie niemand mehr ihr Gesicht gezeigt, außer ihren Dienern. Sie war die Tochter eines reichen Händlers, und ihre Vermählung mit dem jungen Erben eines Großgrundbesitzers war vor fünf Jahren das Stadtgespräch gewesen. Doch wenige Monate nach der Hochzeit, als sie mit ihrem ersten Kind schwanger war, bemerkten sie den gefürchteten weißen Fleck, und ihr Mann wurde für unrein erklärt.

Seine Eltern bauten ihm ein kostbar ausgestattetes Holzhäuschen am Berghang, wo er einsam seine Tage verbrachte, während sein Körper verweste wie ein Leichnam in einem vergoldeten Sarg. Tag für Tag, bei schönem oder schlechtem Wetter, ging Isebel tief verschleiert zu ihm. Ein Diener trug einen Korb hinter ihr her, und sie hinterließ Nahrung und Wein auf einem Stein. Einmal pro Woche nahm sie ihren Sohn mit sich auf einem kleinen Esel, und er winkte seinem Vater zu.

»Erzähl mir, was du erlebt hast!« sagte ich noch einmal, als mein Mund nicht mehr so voll war. »Hat man dich ins Haus gelassen?«

Sie nickte. »Ich hab' an die Tür geklopft, und eine Dienerin hat mir geöffnet. Ich hab' gesagt, ich wolle die Herrin sehen, und sie hat gesagt: 'Die Herrin empfängt nie Besuch.' Dann hab' ich gesagt: 'Ich habe eine Nachricht für ihren kranken Mann.' Da ist sie weggegangen, und als sie wiederkam, hat sie gesagt: 'Sag mir die Botschaft!' Aber ich hab' gesagt: 'Nein, ich will sie der Herrin selbst sagen.' Dann ist sie nochmal weggegangen, wieder zurückgekommen und hat schließlich gesagt: 'Na, dann komm mal rein!', und ich bin reingegangen.«

Ione machte eine Pause, um Luft zu holen, und ich fragte: »Und dann?«

»Na, dann hab' ich's ihr gesagt!«

»Ja, schon, das kann ich mir denken, aber wie sah sie aus, und was sagte sie daraufhin?«

»Ich hab' ihr von Astarte erzählt, die ihr ganzes Leben lang blind gewesen und sehend nach Hause gekommen ist. Ich hab' ihr auch von dem kleinen Jungen und den beiden Aussätzigen erzählt und wie der Prophet Jesus sie berührt hat. Sie hat mir zuerst nicht glauben wollen. Sie hat gesagt, keiner würde jemals einen Aussätzigen berühren, aber ich hab' ihr berichtet, daß sie ihre Tücher weggeworfen und ihren Gott gepriesen haben. Ich hab' sie gebeten, ihren Mann zu Jesus zu führen, aber sie hat geantwortet: 'Er ist zu schwach für eine solche Reise, und du bist nur ein Kind, und vielleicht hast du das nicht richtig verstanden.' Aber sie hat auch gehört, daß viele zu Jesus gehen, und sie will andere Leute fragen. Dann hat sie mich in die Arme genommen und geweint, und ich hab' auch geweint, weil sie mir so leid tat. Dann hat sie mich eingeladen wiederzukommen und mich gefragt, warum ich mich so sehr um ihr Leid kümmere, und ich hab' geantwortet: 'Ich weiß es nicht.' Und dann hat sie einem Diener befohlen, einen Korb mit leckeren Sachen zu füllen und mich heimzubringen. Dann bin ich weggegangen. Ich hab' ganz lange über den Teppich gehen müssen. Ich bin noch nie in einem so großen schönen Zimmer gewesen.«

»Das frage ich mich auch, warum du dich so sehr um andere Leute kümmerst. Sonst tut das doch keiner.«

Sie war einen Augenblick still.

»Ich glaub', Jesus kümmert sich sehr um die Menschen. Deshalb hört er nicht auf, alle zu heilen, die zu ihm kommen«, sagte sie schließlich. »Weißt du, Philo, ich muß dauernd an ihn denken. Manchmal tu ich so, als wäre ich bei ihm und würde ihm helfen, alle gesund zu machen. Ich stell' mir vor, daß ich ein blindes Kind zu ihm führe oder einem Lahmen über die Steine helfe. Aber ich tu natürlich nur so. Aber das hier ist wirklich wahr, und wenn ich jemand von ihm erzähle und sie zu ihm gehen ... weißt du, was ich mir dann vorstelle?«

»Nein, was denn?«

«Dann stell' ich mir vor, daß Jesus sich über mich freut und mich anlächelt.«

Sie sprach sicher, aber langsam und leise, als sei diese Freude fast zu groß, um sie jemand anderem mitzuteilen. Sie sah aufs Meer hinaus, und der Mondschein glänzte in ihren Augen.

»Schau mal die silberne Spur auf dem Wasser!« sagte sie plötzlich. »Hast du das auch manchmal, daß du ins Wasser rennen willst, um in dieser Spur weiterzuschwimmen, bis du zum Mond kommst? Ganz allein, auf beiden Seiten das dunkle Wasser, aber die helle Spur umleuchtet dich. Ich stell' mir das toll vor, Philo.«

Ich stand auf und zog sie ebenfalls hoch. Jetzt hatte ich den Eindruck, daß sie übergeschnappt war. Aber ich sagte nichts, denn sie ließ mich selten an ihren Träumereien teilhaben. Ich verspürte auch so etwas wie Dankbarkeit, denn sie hatte mich aus meiner Schwermut gerissen, und ich erkannte plötzlich, daß Ione der einzige, fröhliche Sonnenstrahl in meinem Leben war. Aber ich sagte nur: »Wir müssen schnell nach Hause gehen. Mutter wird sich schon große Sorgen um dich machen, und Hiram wird eine Riesenwut haben, weil ich nicht mit ihm hinausgefahren bin. Aber die kann er erst morgen an mir auslassen.«

Sie trödelte hinter mir her. Ich wußte, daß ihre Gedanken weit weg waren, aber ob sie nun die silberne Spur entlangschwamm oder in das Gesicht des Propheten sah, konnte ich nicht erraten. Als ich mich nach ihr umdrehte und ihr sagte, sie solle sich beeilen, rief sie plötzlich:

»Philo, glaubst du nicht, wir könnten Illyrika zu ihm bringen?«

»Komm schon, sei vernünftig!« entgegnete ich ziemlich barsch. »Du weißt doch, daß wir das nicht können. Wie soll sie denn zu ihm gelangen? Sie kann es ja nicht einmal ertragen, seinen Namen zu hören. Er muß etwas an sich haben, das sie haßt und fürchtet. Außerdem, was könnte er schon ausrichten? Keine Macht ist stärker als die Macht eines bösen Geistes, das hat Mutter einmal gesagt. Illyrika wird bis an ihr Lebensende nicht frei werden, also schlag dir das endlich aus dem Kopf!«

Sie sagte nichts weiter, und bevor wir das Haus erreichten, begegneten wir unserer Mutter, die sich gerade aufgemacht hatte, Ione zu suchen. Aber sie schimpfte kaum mit ihr, und ich merkte, daß sie sich eigentlich wenig Gedanken um uns machte. Sie wandte sich Illyrika zu, die sich erhob und wütend zu knurren begann, als Ione das Zimmer betrat. Dann hockte sie sich wieder jammernd in ihre Ecke, wie sich ein böses, wildes Tier vor einem leuchtenden Pfeil duckt.

Am nächsten Morgen ging ich an den Strand, um beim Einholen des Netzes mitzuhelfen. Als Hiram mich in loderndem Zorn fragte, wo ich gewesen sei, antwortete ich einfach, ich hätte etwas anderes zu tun gehabt. Er war sehr wütend, und wenn ich nicht der Besitzer des Bootes gewesen wäre, hätte er mich sicherlich ausgepeitscht. Aber ich hatte keine Angst und war sehr frech. Nachdem ich den Fisch auf den Markt getragen hatte, stolzierte ich hocherhobenen Hauptes nach Hause.

Ich machte mich auf eine schlimme Nacht gefaßt und traf schlechtgelaunt und trotzig am Strand ein. Doch zu meiner Überraschung war Hiram recht höflich zu mir. Ich wußte kaum, wie ich mich verhalten sollte, denn ich wollte meinem Haß freien Lauf lassen, hatte aber keinen Grund, das zu tun.

Die Tage vergingen, die Frühlingswelt stand in voller Blütenpracht, der Spätregen fiel, und die Berghänge sahen wie Gärten aus. Die Fische laichten immer noch, und das Geschäft lief gut, aber all das war sicher nicht der Grund für Hirams Freundlichkeit. Ihm schien die Lust, mich zu quälen, vergangen zu sein, ja, er war beinahe nett zu mir. Doch jedesmal, wenn er mich ansah, blitzte in seinen Augen immer noch dieselbe Hinterlistigkeit und Gemeinheit. Ich dachte an die unheildrohende Windstille und erdrückende Schwüle vor dem Sturm auf dem Meer und ahnte, daß Unheil heraufzog. Auch zu Hause hatte sich manches geändert. Meine Mutter war oft fort. Das bedeutete, daß Illyrika unter Iones Obhut war, während ich schlief. Das ärgerte mich, denn ich wußte, wie sehr meine ältere Schwester Ione haßte und daß sie eines Tages über sie herfallen könnte. Aber ich konnte nie vernünftig mit meiner Mutter sprechen, denn ich hatte sie noch nie so nervös erlebt wie jetzt und fragte mich manchmal, ob das Böse, von dem Illyrika besessen war, sich auch ihres Geistes bemächtigt hatte. Wenn ich versuchte, mit ihr ins Gespräch zu kommen, wich sie mir aus, als hege sie ein Geheimnis, von dem ich niemals erfahren sollte. Als ich Ione ausfragte, konnte sie mir auch nicht viel sagen. Sie wußte nur, daß meine Mutter öfter als gewöhnlich außer Haus ging und immer ängstlich und bedrückt war.

Doch als ich nach einer Nacht im Boot eines Morgens nach Hause ging, stand Ione auf der Straße und wartete auf mich. »Komm, wir gehen spazieren!« forderte sie mich auf. »Ich muß dir was sagen.«

Wir kletterten in die Dünen hinter den Fischerhütten, setzten uns und blickten über den blauen Meeresstreifen bis dorthin, wo Sidon in die See hinausragte. »Also«, fragte ich gähnend, »was ist passiert?« Ich hatte hart gearbeitet und war kurz vor dem Einschlafen.

»Es ist wegen Mutter«, sagte Ione mit ängstlicher Stimme. »Sie haben wohl gedacht, ich würde schlafen. Die Geisterbeschwörerin ist heute nacht gekommen.«

»Was hat die denn bei uns zu suchen?« Jetzt war ich plötzlich hellwach.

»Ich weiß nicht, ich hab' nichts erkennen können. Die Lampe brannte, aber alles andere war so dunkel und unheimlich. Illyrika hat gelacht und gelacht, und ich hätte am liebsten laut geschrien. Die Beschwörerin war böse, und Mama gab ihr Geld, aber sie war immer noch nicht zufrieden, und Mama hat ihr immer mehr gegeben und dabei geweint.«

»Geld? Aber woher hat sie das nur? Wir haben doch nur das, was ich heimbringe, und davon bleibt kaum was übrig.«

»Ich weiß nicht, aber es war viel Geld da, und wenn Mama weggeht, kommt sie mit Geld zurück. Und, Philo, neulich hat uns Hiram besucht, während du geschlafen hast, und sie haben lange miteinander geflüstert, und er hat ihr Geld gegeben.«

»Hiram? Er kam und saß unter unserem Dach? Vielleicht hat er nur die Pacht für das Boot gezahlt?«

Sie schüttelte den Kopf. »Es war viel mehr als das Pachtgeld. Schrecklich viel Geld. Und wenn er das Pachtgeld bringt, streiten sie sich jedesmal, aber diesmal war er gutgelaunt. Philo, irgend etwas stimmt da nicht. Ich hab' Angst. Ich will auch nicht mehr dabeisein, wenn die Beschwörerin kommt.«

Ich erhob mich. Jetzt war keine Spur von Müdigkeit mehr vorhanden.

»Das genügt!« sagte ich. »Dieser Hiram ist eine falsche Schlange, und ich will herausfinden, was er vorhat. Komm, wir gehen nach Hause!«

Mit großen Schritten näherte ich mich dem Haus. Ich spürte, wie mein Zorn in mir aufwallte. Mit dem Fuß stieß ich die Tür auf. Meine Mutter drehte sich erschrocken um, und Illyrika lachte laut auf, aber es war ein böses Lachen, weit entfernt von Heiterkeit und Freude.

»Mutter«, sagte ich laut, »was soll das alles bedeuten? Ich höre, die Beschwörerin war hier, und dabei hast du selbst gesagt, daß sie mit den finsteren Mächten in Verbindung steht. Kann das Böse Böses austreiben? Und woher hast du das Geld, um sie zu bezahlen? Ich weiß, daß sie einen großen Betrag verlangt hat.«

Meine Mutter stand auf und stellte sich beschützend vor Illyrika. Sie blickte mich voller Angst an. Unter anderen Umständen hätte ich Mitleid mit ihr gehabt, aber es gab Dinge, die ich herausbekommen mußte, und ich drang schonungslos in sie.

»Woher hast du das Geld, Mutter? Und was hat dieser Teufel, Hiram, bei uns zu suchen gehabt? Hat er dir Geld gebracht?«

Sie zitterte und rang die Hände.

»Ich benötigte es unbedingt, Philo. Die Beschwörerin versprach mir, Illyrika zu befreien. Wenn sie erst einmal frei ist, wird der Fluch verschwunden sein, und wir können alle wieder wie eine normale Familie zusammenleben. Siehst du denn nicht ein, Philo, daß ich das Geld dringend haben mußte? Illyrika scheint heute viel fröhlicher zu sein.«

»Woher hast du das Geld?«

»Philo, es ist ja noch welches übrig, ich habe ja nur einen Teil für ihre Heilung ausgegeben. Hiram wird dich weiter in Dienst nehmen, und eines Tages werden wir ein anderes Boot kaufen. Aber siehst du denn nicht ganz ein, daß ich es brauchte?«

Ich hatte immer noch nicht ganz begriffen, was passiert war, oder wollte es vielleicht nicht wahrhaben. Ich glaube, ich hob dann meinen Arm, als wolle ich sie schlagen, und schrie:

»Woher hast du das Geld?«

Sie zuckte zusammen. »Ich habe das Boot verkauft«, flüsterte sie. »Aber die Beschwörerin sagt, daß sie eines Tages...«

Das Boot meines Vaters! Ich hätte sie sicherlich geschlagen, wenn Ione sich nicht mutig zwischen uns geworfen hätte. »Mama!« rief sie. »Die Beschwörerin hat ihr nicht helfen können. Mama, wir wollen sie zum Propheten Jesus bringen!«

Ich wußte, was geschehen würde, sobald dieser Name über Iones Lippen gekommen war, aber später konnte ich mich nicht mehr genau erinnern, was als nächstes passierte. Mit einem schrecklichen Verzweiflungsschrei sprang Illyrika wie ein wildes Tier Ione an und stieß sie mit voller Wucht um, so daß Iones Kopf auf dem Mahlstein aufschlug. Ich ergriff einen Tonkrug und schleuderte ihn gegen Illyrika, und meine Mutter stürzte sich wie eine Furie auf mich, weil ich es gewagt hatte, meiner Schwester Leid anzutun. Aber ich weiß nicht, ob es genauso war. Ich weiß nur, daß der Haß und die Angst in diesem Raum wie spürbare Schläge wirkten.

»Schwester nennst du die?« schrie ich und kämpfte mich frei. »Als hätte ich nur diese eine Schwester. Laß die Besessene in Ruhe, und kümmere dich um Ione, bevor sie verblutet!«

Dann beugten wir uns beide über Ione und versuchten, das Blut ihrer Kopfwunde mit einem Tuch zu stillen. Illyrika lag wie ein leerer Sack auf dem Boden, ihr magerer, kranker Körper war wie gewöhnlich erschöpft von der Wucht ihres Ausbruchs. Meine Mutter weinte, wie ich sie nie zuvor erlebt hatte, und Ione, totenblaß, öffnete die Augen und versuchte, sie zu trösten. »Wein' doch nicht, Mama«, flüsterte sie kaum hörbar. »Wenn es mir besser geht, werden wir zu Jesus gehen. Jesus verlangt kein Geld.«

Ich stand auf. Ione schien sich zu erholen. Das Blut hatte ihr Haar verklebt, aber es schien zum Stillstand gekommen zu sein. Ich konnte es keinen Moment länger in diesem verfluchten Haus aushalten, in dessen Luft ich zu ersticken drohte. Auch würde ich niemals zu dem Boot zurückkehren, das mir nicht mehr gehörte. Ich zog meine Tunika an und nahm meinen Mantel.

»Na schön, Mutter«, sagte ich. »Da du jetzt alles genommen hast, was mir gehörte, habe ich keinen Grund, länger hierzubleiben. Ich gehe zu Onkel Adoram nach Kafarnaum, um dort zu arbeiten.«

Damit schlug ich die Tür hinter mir zu und stolperte, blind vor Tränen, in den Frühlingssonnenschein hinaus.

7. Kapitel

Seit jenem Frühlingsmorgen habe ich noch manchmal diese siebzig Kilometer zwischen Tyrus und dem See Gennesaret zurückgelegt. Aber jedesmal mußte ich an diese erste Wanderung denken, die ich mit zwölf Jahren und einem gebrochenen Herzen machte. Damals ließ ich alles, was mir vertraut war und was ich liebte, zurück, um mein Leben selbst in die Hand zu nehmen.

Mein Zorn war anfänglich so groß, daß ich an nichts anderes denken konnte als an all das Unrecht, das ich erlitten hatte. Nun war mir klar, weshalb Hiram sich so verändert hatte. Er hatte nichts mehr von mir zu fürchten und keinen Grund mehr, eifersüchtig auf mich zu sein. Ich war jetzt in seiner Hand — das nahm er jedenfalls an —, und er wartete nur auf den Triumph, wenn ich herausfände, wie die Dinge standen. Na, um diesen Triumph hatte ich ihn gebracht! Nie im Leben würde ich ihn Herr nennen. Am Abend würde er vergeblich auf mich warten, denn da war ich schon weit weg. Eines Tages wollte ich dann mit viel Geld in der Tasche zurückkehren, sein Boot versenken und ihn ruinieren. Ich war so mit meinen wilden Racheplänen beschäftigt, daß ich fast unbewußt und ohne etwas um mich her wahrzunehmen, den Damm überquerte und auf der Handelsstraße die Richtung Südosten einschlug. Ich mußte schon einige Kilometer gegangen sein, als ich endlich feststellte, was ich zurückgelassen hatte.

Nur allmählich wurde ich mir dessen bewußt. Mein Zorn wich einem schrecklichen Gefühl der Einsamkeit, und wenn es mein Stolz zugelassen hätte, wäre ich wieder nach Hause gerannt. Ich wandte mich um und sah zurück. Die Küste lag nun weit hinter mir, und ich spürte auch die frische Meeresbrise nicht länger. Im Binnenland war es heiß und stickig. Ich überquerte jetzt ein Hochplateau. Die Straße war von Feldern gesäumt, auf denen sich blaßgoldene, heranreifende Gerste und smaragdgrüner, junger Weizen abwechselten. Zwischen der wachsenden Saat lag braunes Ackerland, wo der Pflüger hinter dem Sämann herging, denn der Spätregen war gefallen, und die Erde war weich, um den Samen für die Spätsommerernte zu empfangen. Hinter den Feldern erhoben sich sanfte Hügel, bedeckt vom Blütenmeer der Ölbäume, und vor mir schlängelte sich die Straße in die syrischen Berge hinauf und mündete in endloses Blau.

Es war ein herrlicher Anblick, doch ich konnte mich nicht daran erfreuen. Ich mußte an meine Mutter denken, und mein Herz schmerzte. Einerseits war ich wütend wegen des Bootes, und andererseits wäre ich am liebsten umgekehrt, in ihre Arme gerannt und hätte mich an ihrer Schulter ausgeweint. Doch als Mann von zwölf Jahren würde ich so etwas nie wieder tun können. Deshalb trottete ich weiter. Meine Nase lief, die Tränen rannen mir über die Wangen, und die Stimme meines Vaters klang deutlich in meinen Ohren: »Sorge für deine Mutter!« Aber meine Mutter hatte ihn verraten, sein Boot verkauft und mir die Verdienstquelle genommen, und das alles nur wegen Illyrika. Ich haßte Illyrika noch mehr als Hiram und wünschte von ganzem Herzen ihren Tod herbei. An Ione dachte ich nicht. Ich wagte es nicht, sonst wäre ich vielleicht doch noch umgekehrt.

Die Straße führte nun bergan. Ich war so zerschlagen von Schmerz und Wut und körperlicher Erschöpfung, daß mich jeder Schritt so anstrengte, als liefe ich durch tiefen, feinen Sand. Ich hatte in der Nacht hart gearbeitet, mir war schwindlig, und meine Augen fielen immer wieder zu, aber ich schleppte mich weiter voran und hoffte auf bessere Luft nach der ersten Stufe der Gebirgskette.

Als ich auf der ersten Erhebung angelangt war, fuhr mir tatsächlich eine Brise von Westen durchs Haar, und ich meinte, einen Hauch von Meersalz darin zu spüren. Das Ackerland war Blumenfeldern gewichen, aber die Bergkuppe war kahl - abgesehen von einigen schiefen Wacholderbäumen und Akazien, die von den Winterstürmen zur Erde gebeugt worden waren. Ich fühlte mich wie ausgedörrt vor Hitze und hatte großen Durst, aber das konnte mich nicht von dem Drang abhalten, mich schlafenzulegen. Deshalb verließ ich die Straße und suchte eine Schlafstätte. Ich fand eine kleine Mulde im Schatten eines breiten Wacholderbaumes. Hier legte ich mich nieder. Da vernahm ich ein leises Gurgeln. Ich schlug wieder die Augen auf. Neben mir sprudelte frisches Wasser aus einer Quelle, die unter einem Felsen entsprang.

Dies erschien mir wie ein plötzliches Geschenk in meinem trüben, freudlosen Dasein. Es erinnerte mich an Ione, und ich begann erneut zu weinen. Dann beugte ich mich über das Rinnsal und trank ausgiebig, wusch mich danach von Kopf bis Fuß und schrubbte Schweiß, Staub und Salz weg, bis ich mich erfrischt und gesund fühlte. Getröstet legte ich mich nieder, benutzte meinen Arm als Kissen und schlief sofort ein.

Nur wenige Reisende waren unterwegs. In den vorangegangenen Tagen war die Handelsstraße voll von immigrierten Juden gewesen, die nach Beendigung des Passafestes nach Hause reisten. Heute war der jüdische Sabbat, und die einzigen Menschen, die mir begegneten, waren römische Soldaten oder phönizische Bauern — meine Landsleute. Keiner bemerkte mich, wie ich da zusammengerollt im Schatten zwischen den knorrigen Wurzeln des Baumes lag, die sich wie schützende Arme um mich ausbreiteten. Am Abend erwachte ich plötzlich, als es neben meinem Kopf raschelte. Ich öffnete die Augen und sah eine Hirschkuh mit ihrem Kitz aus der Quelle trinken. Ich wartete, bis sie zwischen den Bäumen davonhüpften, trank dann selbst und kuschelte mich wieder in meine Mulde. Bevor ich einschlief, hüllte ich mich fest in meinen Mantel ein, denn die Luft war frisch und kühl. Die ganze Nacht über träumte ich; der Mond ging auf und spendete mir Licht, die Sterne kreisten in ihren Bahnen über mir, aber ich wußte nichts davon. Als ich schließlich erwachte, lag ein weißer Dunstschleier über den Hügeln, die Vögel zwitscherten, und mein Mantel war taufeucht. Durch den Dunst sickerte schon die Helligkeit — die Sonne würde gleich aufgehen.

Ich fühlte mich frisch und ausgeruht und hatte großen Hunger. Ich trank aus der Quelle und wusch mein Gesicht. Bald mußte ich etwas zu essen bekommen. Aber abgesehen von meinem knurrenden Magen hatte ich keine große Eile. In meinem Beutel befand sich der Lohn einer Nacht, und ich nahm an, daß ich bald in ein Dorf käme. Also setzte ich mich auf den Hügel und wartete, während sich der Dunst wie heller Rauch auflöste und das Land um mich her sichtbar wurde, halb im Schatten, halb von der frühen Morgensonne beschienen. Zu meiner Linken sah ich die Küstenlinie am Horizont funkeln, und meine Heimatstadt ragte in die See hinein. Im Nordosten, auf den Höhen des Libanon, lag immer noch Schnee. Er blendete so sehr, daß ich schnell den Blick abwandte. Im Süden stand die lange Kammlinie des Karmel wie ein gezackter Wächter über dem Mittelmeer. Ich wandte mich gegen Osten, und dort, vor mir, schwebten die Wolken, von der aufgehenden Sonne rosa gefärbt, immer noch über der Gebirgskette von Galiläa. Ich hatte nie zuvor ein solches Schauspiel gesehen, auch nicht sich endlos aneinanderreihende Hügelketten und Täler. Ich kam mir unsagbar winzig vor, ein bedeutungsloser Fleck in der weiten Landschaft. Ich nahm einen letzten Schluck Wasser, brach einen gekrümmten Stock vom Wacholderbaum ab und setzte meine Wanderung fort.

Im Hügelland gab es nichts zu essen; die Gerste war grün, und die Feigenbäume blühten erst. Aber heute gab es viele Menschen auf der Straße, denn der Sabbat war vorbei. Als ich an die Grenze nach Galiläa kam, das im Vierfürstentum des Herodes lag, wurde ich von einem Wächter am Einwanderer-Kontrollpunkt ausgefragt. Aber er war schnell befriedigt, denn die Fischer und Bauern konnten ohne Schwierigkeiten von einem Land zum andern reisen. Ängstlich und aufgeregt überschritt ich die Grenze. Jetzt war ich ein Fremdling in einem anderen Land. Obwohl ich zu Hause griechisch sprach, war mir der aramäische Dialekt glücklicherweise vertraut.

Die großen Berge flimmerten in der Hitze. Ich ging langsam, schwach vor Hunger, bis ich schließlich ein Dorf erreichte, das aus einigen sich stufenweise erhebenden Häusern mit flachen Dächern und weißen Mauern bestand. Die Dorfstraße führte zu einem Marktplatz. Es war kaum jemand auf der Straße — die Männer pflügten und säten draußen auf den Feldern, und die Frauen und Mädchen arbeiteten in den Häusern, nachdem sie bereits zum Brunnen gegangen waren. Die Jungen wurden noch in den Synagogen unterrichtet, und ich schleppte mich voller Unbehagen die Straße hinauf und fragte mich, was ich tun sollte. Zu meiner Erleichterung traf ich einen Jungen, der zur Handelsstraße ging. Er trug einen großen Binsenkorb voll Gerstenfladen, getrockneter Fische und hartgekochter Eier, die er den Reisenden zum Kauf anbot.

Ich näherte mich ihm vorsichtig, denn er war größer als ich. Es gab sehr wenige ehrliche Jungen, und meine Ersparnisse waren gering. Er sagte mir, ich solle mich zum Essen unter jenen

Feigenbaum setzen. Dann ging er fort und kam mit einem Krug voll schäumender Eselsmilch für mich zurück.

»Darum habe ich nicht gebeten«, sagte ich und sah dabei verlangend nach der Milch. »Ich muß mein Geld für später aufheben.«

»Es ist ein Geschenk von meiner Mutter«, erklärte der Junge unbekümmert. »'Schenkt, dann wird Gott euch schenken, ja, er beschenkt euch so überreich, daß ihr gar nicht alles fassen könnt. Darum gebraucht andern gegenüber ein reichliches Maß; Gott wird bei euch dasselbe Maß verwenden.'* Das hat er uns gelehrt, da oben auf dem Berg, und es ist jetzt richtig Mode geworden: geben, vergeben, mit andern teilen. Den Armen ging es noch nie so gut wie jetzt — und den Kranken erst! Es ist kaum ein Kranker im ganzen Dorf übriggeblieben!«

»Von wem sprichst du eigentlich?« fragte ich neugierig, trank die Milch in großen Zügen aus und ließ es mir schmecken wie nie zuvor.

»Weißt du das denn nicht? Dann mußt du blind und taub sein, denn ganze Ströme von Menschen sind aus deinem Land gekommen, um geheilt zu werden, aus allen Küstenorten, sogar von Sidon, heißt es. Er stieg eines Tages, bevor ihm die Menschenmassen nachfolgten, da oben rauf«, er deutete nach Osten, wo man die steilen Gipfel des Hattin sah. »Die ganze Bevölkerung folgte ihm nach. Es war die reinste Bergwanderung. Du hättest sehen sollen, wie die Alten japsend und keuchend berganstiegen! Er saß auf einem Felsen und sprach zu uns — es war unglaublich.«

»Wie? Was?« fragte ich verwundert. »Wer denn?«

»Na, der Prophet Jesus natürlich!« erklärte der Junge. »Du hättest dabeisein sollen.«

»Erzähl mir, was er sagte«, bat ich, und wenn nicht die Eselsmilch gewesen wäre, hätte ich sicherlich die Geduld verloren.

Der Junge starrte ins Leere und schüttelte den Kopf. »Es war fast eine neue Religion, die er verkündete. Die religiösen Führer und Priester waren wütend. Jesus sagte kein Wort von Opfergaben oder Geldspenden für den Tempel, und unsere religiösen Führer spielten keine wichtige Rolle. Es ging nur ums Glücklichsein, um Liebe und Vergebung und daß wir die Wahr-

*Lukas 6,38

heit reden sollen. Geld und Besitz waren unwichtig. Wir sollten nur Gott vertrauen und gehorchen und uns keine Sorgen machen. Er sprach vom 'Königreich Gottes'. Aber das hab' ich nicht richtig verstanden! Die Leute waren ganz still und dachten nach. Keiner wagte es, viel zu sagen, denn die besseren Leute sind gegen Jesus, aber für uns gewöhnliche Leute hat sich einiges verändert. Viele sind freundlicher und ehrlicher zueinander, und Familienfehden sind beigelegt worden. Du hättest nie von meiner Mutter umsonst Eselsmilch bekommen, bevor Jesus kam.«

Ich beendete meine Mahlzeit, dankte ihm höflich und setzte meine Wanderung fort. Nun hatte ich schon ein großes Stück Weg zurückgelegt, aber ich wollte heute noch weit kommen. Verbissen stieg ich den Berg hinauf, immer höher, bis ich einen Gebirgspaß erreichte. Tief unter mir glitzerte der See Gennesaret in der Spätnachmittagssonne, die jede Einzelheit klar erkennen ließ. Weiße Häuserflecken säumten die Buchten und bedeckten die Landzungen, und im Nordosten reckte sich der schneebedeckte Hermon zum Himmel.

Mein Herz schlug schneller, denn ich sah schon das Ziel meiner Reise. Ich mochte die endlose Hügellandschaft und die unzähligen Berge nicht. Die Meereswellen erschienen mir wie freundliche Kameraden, sogar die Stürme waren vertraute Feinde, aber dieses weite Land, diese schwindelnden Höhen verkörperten für mich Einsamkeit. Ich begann, die Straße hinunterzurennen. Einige Bauern begegneten mir mit an Riedgras aufgehängten Fischen. Der gewohnte Anblick der Fische und der Boote tief unten am See trösteten mich ein wenig — doch war die Luft stickig, und meine Welt voll von frischer Brise, weiten Horizonten und der freien, ungezügelten See lag weit hinter mir. Ich schluckte den dicken Kloß hinunter, der sich in meinem Hals gebildet hatte, und stieg weiter ins Tal hinab.

8. Kapitel

Immer tiefer und tiefer ging es. Ich wußte nicht, daß der See Gennesaret weit unter dem mir gewohnten Meeresspiegel lag und meinte, in einen siedenden Tiegel hinabzusteigen. Zwischen den Disteln und Kakteen, die in der braunen Erde des kargen Hochlands wuchsen, ragten bizarre, schwärzliche Basaltfelsen empor. Doch die tieferliegenden Hänge waren noch übersät mit Narzissen, wilden Anemonen, Flachs, Hahnenfuß und kleinen, leuchtenden Tulpen, denn der Frühling und der Spätregen hatten sich dieses Jahr verspätet.

Ich ging durch die Blumenwiesen und nachher im Schatten von Palmenplantagen, Oliven- und Feigenbäumen weiter. Es war jedoch kein kühler Schatten, denn die heiße Luft hatte sich im Blattwerk angestaut. So war ich froh, als ich in den höhergelegenen Teil der Stadt gelangte, wo weiße Villen aus blühenden Gärten ragten. Es war zweifellos wunderschön, aber für mich war es viel zu üppig und zu heiß. Ich schwitzte sehr, als ich die tiefergelegenen Straßen hinunterging. Zudem wußte ich nicht, wie ich das Haus meines Onkels finden sollte. Dann fiel mir ein, daß mein Onkel ein Fischer war und man einen Fischer höchstwahrscheinlich abends an der Küste oder auf dem Wasser antreffen würde. Vielleicht konnte ich ihn noch rechtzeitig abpassen. Ich eilte zum Ufer hinunter und stieß auf drei Fischer, die gerade ein Boot zu Wasser ließen. Schüchtern fragte ich sie, ob sie meinen Onkel kannten. Sie nickten, ohne die Arbeit zu unterbrechen, und deuteten mit dem Daumen auf den See.

»Er ist vor einer halben Stunde hinausgefahren«, sagten sie. »Wird vor Sonnenaufgang zurück sein.«

»Oh«, stammelte ich, »und wo wohnt er?«

»In der Straße hinter der Synagoge, jeder kann dir den Weg zeigen.«

Sie sprangen ins Boot, die Ruder schlugen ins Wasser, und fort waren sie.

Unentschlossen stand ich in der Dämmerung am verlassenen Ufer. Ich kannte die Frau meines Onkels nicht. Sie war eine Jüdin und ich ein Heide, und sie würde vielleicht nichts mit mir zu tun haben wollen. Da überfiel mich das Heimweh. Mir war kalt, und ich hatte Angst. So beschloß ich, bis zum nächsten Morgen zu warten und mit meinem Onkel zu gehen. Ich wußte, daß er freundlich zu mir sein würde. Ich watete in den See hinaus, wusch mich und schöpfte mit den Händen Wasser, bis mein Durst gestillt war. Das Wasser war warm und brackig, aber es war wenigstens nicht salzig. Dann entdeckte ich ein herrenloses Boot, das am Ufer lag. Ich kletterte hinein und legte mich hin. Vom See her fuhr mir eine leichte Brise durchs Haar, und als ich zum Himmel aufblickte, sah ich, wie die Sterne aus der dunkelblauen Tiefe emporstiegen. Es waren dieselben Sterne, die auf uns herabgeleuchtet hatten, als ich mit meinem Vater aufs Meer hinausfuhr. Die Sterne, die uns in dunklen Nächten zur Küste geleitet hatten und die auch jetzt über meiner Mutter und der kleinen Ione wachten. Ich rollte mich unter meinem Mantel zusammen und schlief ein.

Als es um mich herum zu rascheln, quaken, plätschern, zwitschern und zu kreischen begann, öffnete ich die Augen. Erstaunt sah ich mich um. Wo war ich denn? Allmählich kehrte die Erinnerung zurück. Das Wasser lag wie dunkles Glas vor mir, über den östlichen Bergen leuchtete ein kaltes Licht, und rosafarbene Federwölkchen schwebten auf grauem Untergrund. Dann vergaß ich alles und lauschte auf die Stimmen des erwachenden Tages. Als es heller wurde, verwandelten sich die Geräusche in sichtbare Dinge. Die dunklen Schatten wurden zu geisterhaften Bäumen, die im Morgenwind raschelten und aus deren Laubwerk das Tschilpen unzähliger unsichtbarer Spatzen ertönte. Die heller werdende Wasseroberfläche reflektierte die darüber fliegenden zwitschernden Schwalben. Ein paar Eisvögel tauchten ins Wasser und kamen mit Fischen im Schnabel wieder an die Oberfläche. Über mir vernahm ich lautes Klatschen. Ich sah auf und entdeckte einen Schwarm kreisender Tauben. Ein Reiher tauchte aus dem Schilf auf und verharrte reglos auf einem Bein, den Schnabel in die Luft gestreckt. Hier war ich nicht an einem öden Meeresstrand, sondern in einem Paradies voll Leben, das einen neuen Tag ankündigte.

Die Sonne war über den gegenüberliegenden Bergen aufgegangen, und die Boote kamen herein. Kamelherden und Esel wurden ans Wasser heruntergetrieben, und das Ufer hatte sich bald in eine laute, betriebsame Stätte verwandelt. Ich wollte nicht, daß man mich in dem Boot entdeckte, deshalb stieg ich schnell aus, als niemand hersah, schlenderte am Ufer entlang und suchte nach meinem Onkel. Ich fand ihn bald. Er war gerade dabei, das Netz vom steinigen Seegrund anzuheben, damit es nicht riß, während seine Gehilfen am Tau zogen. Ich beobachtete ihn lange Zeit, aber er schien mich nicht zu bemerken.

Dann war das Netz heraufgezogen, und der Fang wurde sortiert. Mein Onkel legte die Fische in Körbe, belud damit bereitstehende Esel und wandte sich zum Gehen, und ein Junge, anscheinend einer seiner Söhne, ging mit ihm. Ich nahm allen Mut zusammen und zog an seinem Fischermantel. »Onkel Adoram!« flüsterte ich.

Er wandte sich abrupt um und starrte mich an, als sähe er einen Geist. Ich meinte einen Augenblick lang, Furcht in seinen Augen zu erkennen. Aber er gewann seine Fassung schnell wieder, legte seine breite Hand auf meine Schulter und sagte: »Philo! Was machst du denn hier?«

Er hatte das so laut gesagt, daß sich sofort Schaulustige um uns her versammelten, die hofften, er hätte einen Dieb erwischt. Schweigend und verschämt stand ich da und sah zu Boden. Plötzlich war ich unfähig, meine Anwesenheit zu erklären. Mein Onkel verstand mich. Er legte mir seine Hand auf die Schulter.

»Komm mit nach Hause, Junge!« sagte er freundlich. »Du kannst uns dort deine Geschichte erzählen.« Dann fügte er hinzu: »Geht es meiner Schwester gut?«

»Ja, es geht ihr gut«, flüsterte ich. Wir gingen am Ufer entlang. Mein Cousin blinzelte neugierig hinter seinem Korb hervor, den er auf der Schulter trug. Wir machten bei der Hütte eines Steuereinnehmers an der Uferstraße halt. Ein unfreundlicher Mann wog den Fisch und verlangte für den Fang eine viel zu hohe Steuerabgabe. Mein Onkel zahlte unwillig, und der unehrliche Steuereinnehmer grinste breit. Wir bahnten uns einen Weg durch die geraden, schmalen Gassen hinauf, vorbei an den Säulen einer neueröffneten Synagoge. Die Stadt war voll Leben und Geschäftigkeit, aber ich bemerkte das kaum, weil meine ganzen Gedanken nur um die eine Frage kreisten: Würde man mich willkommen heißen oder nach Hause schicken? Merkwürdigerweise wußte ich kaum, was mir lieber war.

Wir hatten das Haus erreicht. Es war viel größer als unseres, denn mein Onkel war ein wohlhabender Mann. Hinter dem Haus befand sich ein Schuppen mit Bottichen und Fässern, wo ein großer Teil des Fangs gesalzen und gepökelt wurde. Der Junge wurde fortgeschickt, um sich um den Fang zu kümmern, und mein Onkel führte mich zu seiner Frau und seinen Töchtern ins Haus, die Korn mahlten und Fladen formten.

»Das ist Philo, der Sohn meiner Schwester aus Tyrus«, stellte er mich vor. »Er wird bis auf weiteres bei uns bleiben. Gib uns etwas zu essen, Ester, der Junge muß sehr hungrig sein!«

Einen Augenblick herrschte Stille, und wieder erhaschte ich diesen Funken Angst, als sie mich anstarrten, und ich wußte instinktiv, daß ich ein unwillkommener Gast war, ein Heide, der gemeinsame Sache mit dem Teufel machte. Sie behandelten mich höflich, und ich aß bald ein köstliches Mahl mit ihnen: Es gab einen großen Kochfisch, Linsen in Sahne, Sauerteigbrot und Honig und einen Krug Milch. Ich hatte einen wahren Heißhunger, aber bald verging mir der Appetit, denn es herrschte ein ungemütliches Schweigen. Nur der Junge, der den Fisch nach Hause getragen hatte, lächelte mich schüchtern an, als er den Raum betrat, und ich lächelte zurück. Wenigstens diesen einen Freund würde ich haben.

»Nun, mein Junge«, sagte mein Onkel, als die Mahlzeit beendet war, »du erzählst mir jetzt am besten, was das alles bedeuten soll, ehe ich schlafen gehe.« Er führte mich in den schattigen Garten hinaus, hinter den Fischschuppen, und ich erzählte ihm meine Geschichte. Sie kam mir sehr unbedeutend und dumm vor, jetzt, da mein Zorn verraucht war und der Traurigkeit Platz gemacht hatte. Ich hätte alles gegeben, um wieder zu Hause zu sein.

Mein Onkel hörte aufmerksam zu und stellte viele Fragen, und bald erzählte ich ihm alles, nicht nur die Sache mit der Geisterbeschwörerin und dem Boot, sondern auch von Ione, von dem blinden Mädchen und der Frau des Aussätzigen, und je mehr ich erzählte, desto mehr Fragen stellte er, und auf seinem Gesicht lag ein verwunderter Ausdruck, den ich nicht ganz verstand. Als ich ihm alles erzählt hatte, erhob er sich.

»Wie werden deine Mutter und deine Schwestern ohne dich leben können?« fragte er.

»Sie haben ja das Geld für das Boot«, antwortete ich mißmutig, »wenn Mutter nicht alles der Beschwörerin gibt. Onkel Etbaal und Tante Anat schicken ab und zu Öl und Weizen, und Ione gräbt Wurzeln aus. Außerdem, wenn du mich in Arbeit nimmst, könnte ich ein wenig Geld verdienen und es nach Hause bringen.«

Mein Onkel überlegte. »Ich werde deine Mutter bald besuchen«, sagte er. »Aber im Frühling haben wir Fischer sehr viel zu tun. Ich könnte einen anderen Jungen im Moment gut gebrauchen, bis unser Joel aus der Schule ist. Du kannst fürs erste hierbleiben und Benjamin helfen.«

Im großen und ganzen war ich erleichtert. Ich faßte seine Hand, versprach ihm, hart zu arbeiten, und er lächelte, tätschelte meinen Kopf und ging schlafen. Ich blieb noch eine Zeitlang in dem warmen, duftenden Garten und entspannte mich. Jetzt wußte ich, daß ich endlich in Sicherheit war. Sogar zu meines Vaters Lebzeiten hatte ich mich nie völlig behütet gefühlt, weil in der Ecke unseres Heims ständig jene unheimliche, kauernde Gestalt anwesend war, aber hier, in diesem verträumten, malerischen, reichen Städtchen konnte man alle Gefahr vergessen. Hier gab es keine Bedrohung, keine Herausforderung, keinen Kampf. Ich legte mich in das dichte Gras und schloß die Augen.

Und dennoch hätte ich das alles liebend gerne eingetauscht gegen einen tiefen Atemzug frischer Meeresluft und das Geräusch kühler Wellen, die auf die Kieselsteine klatschten.

9. Kapitel

Im Gegensatz zu meinen ersten Eindrücken entdeckte ich bald, daß Kafarnaum eine äußerst geschäftige kleine Stadt war, denn die große römische Handelsstraße von Ägypten nach Damaskus führte durch Kafarnaum. Hier zweigte dann die Handelsstraße, die zur phönizischen Küste führte, ab. Die Stadt war ein interessanter Schauplatz: Römische Kohorten marschierten in Reih und Glied vorbei, Kaufleute kamen aus dem Norden und Süden, und Kamelkarawanen aus Babylon mußten ihre Teppiche bei den verhaßten Zollhäusern abladen. Besonders liebte ich die Markttage, wenn die Bauern mit den ersten Früchten, mit Butter und Eiern aus den Bergdörfern herunterkamen, und die Fischer an langen Leinenschnüren Barsch und Karpfen feilboten. Dann durften Benjamin und ich uns zu ihnen gesellen und ein paar Münzen verdienen.

Benjamin war mein Freund, der erste richtige Freund, den ich je hatte, außer Ione, aber die war nur ein kleines Mädchen. Denn Benjamin wußte nichts von dem schwarzen Schatten, der uns zu Hause bedrückte, und behandelte mich wie jeden anderen normalen Jungen. Zu Hause sprach er nur sehr wenig, aber auch mein Onkel sagte kaum etwas, denn es herrschte eine gespannte Atmosphäre, als gäbe es einen Streitpunkt zwischen ihm und Tante Ester. Jeder war bei seinen Äußerungen sehr vorsichtig, und in den ersten Tagen hatte ich den Eindruck, ich sei daran schuld.

Den wahren Grund erfuhr ich nach ungefähr einer Woche. Wir hatten keinen guten Fang gemacht, weil sich das Netz in einem zackigen Felsen verfangen hatte und viele Fische entschlüpfen konnten. Unsere Arbeit war schnell erledigt, und da mein Onkel schlief, hatten Benjamin und ich einen guten Teil des Tages zu unserer freien Verfügung. Benjamin wußte auch genau, was er tun wollte: Wir wollten Proviant mitnehmen und dorthin rudern, wo der Jordan in den See mündete, südlich von Betsaida. Dort, wo das Wasser milchig grün war, sammelten sich die großen Fischschwärme. Wir wollten unsere Wurfnetze mitnehmen und selbst ein wenig fischen.

Meine Tante brummte vor sich hin und meinte, es gäbe genug Arbeit im Haus, wenn wir welche suchten. Aber wir suchten keine, und ich glaube, Tante Ester war im Grunde froh, mich los zu sein. Sie packte ein paar Eier und einige Fladen in einen Binsenkorb, und wir zogen begeistert los.

Wir rannten zum Ufer hinab und ließen den Kahn ins Wasser gleiten. Es war ein wunderbarer Tag im Spätfrühling, die Hitze flimmerte schon auf der dunkelblauen Wasseroberfläche. Benjamin ruderte als erster, und ich räkelte mich im Heck und starrte hinüber zu den rauhen Bergen von Gerasa am Ostufer. Im hellen Sonnenlicht sahen sie narbig aus durch die vielen Spalten und Klüfte, als hätte jemand den Fels mit einem Messer aufgeschlitzt. Ich erschauerte ein wenig, als ich sie betrachtete.

»Warst du schon mal da drüben?« fragte ich Benjamin.

Er zögerte. »Ich hab' mit meinem Vater dort mal gefischt«, sagte er. »Und in der Woche vor Passa war ich dort oben auf dem Berg im Norden.«

»Ja? Was hast du da gemacht?«

»Wir sind zum Propheten Jesus gegangen. Aus allen Ortschaften am Ufer des Sees strömten die Leute zu ihm. Philo, hast du schon mal von Jesus gehört?«

Ich lachte. »Meine kleine Schwester redet fast von nichts anderem als von ihm«, antwortete ich. »Es sind sogar Menschen von weit her zu ihm gegangen und geheilt worden. Ich würde ihn hier gern einmal sehen, aber als ich deine Schwester Hanna nach ihm fragte, wurde sie sehr böse, als hätte ich etwas Schlimmes gesagt. — Ist er eigentlich ein guter oder ein böser Mensch? Durch welche Kraft vollbringt er seine Wunder? Und warum dürfen wir nicht von ihm sprechen?«

Benjamin starrte die Berge vor sich an. »Ich weiß nicht«, sagte er bedächtig. »Aber wir kommen gerade an. Wir wollen zuerst ein wenig fischen, danach werde ich dir erzählen, was da oben und später passiert ist. Du wirst es mir allerdings nicht glauben.«

Der Strom erfaßte uns an der Breitseite, und wir mußten kräftig rudern, um die Jordanmündung zu durchqueren. Wir kamen erhitzt und außer Atem am Ostufer an, machten das Boot fest und sprangen ins Wasser. Als wir uns abgekühlt hatten, holte Benjamin das Wurfnetz. Er wollte ins Wasser waten, und ich sollte am Ufer aufpassen. Ich stand still, die Augen unentwegt aufs Wasser gerichtet, als er das runde, mit Gewichten beschwerte Netz immer wieder flach aufs Wasser warf und dann leer einholte. Plötzlich zog eine schwarze Wolke im grünen Wasser auf.

»Wirf es auf die rechte Seite, ein bißchen weiter nach draußen!« rief ich plötzlich aufgeregt, und er warf das Netz schnell dorthin, wo ich hinwies. Ich wußte, daß er einen schweren Fang gemacht hatte und watete ins Wasser, um mit ihm das Netz festzuhalten. Zusammen hoben wir es ins Boot und setzten uns erfreut nieder, um den Fang zu untersuchen. Wir hatten einen großen Schwarm der dicken Fische mit dem kammartigen Rücken und riesigen Maul, in dem sie ihre Jungen trugen, erwischt. Wir legten sie ins Boot, nur ein paar behielten wir für uns zurück. Wir sammelten Steine, trockene Zweige und Gras und zündeten ein Feuer an. Dann nahmen wir die Fische aus, legten sie auf die heißen, flachen Steine und ließen uns ins Ufergras fallen.

Ich werde dieses Picknick nie vergessen: die friedliche Stille des Sees, das glitzernde Wasser, die Sonne auf unserer bloßen Haut, das Gezwitscher und Trillern der Vögel; die Berge, die sich im Kreis um uns erhoben, die schimmernden weißen Tupfer der kleinen Städte und Dörfer in der Ferne, die bis an die Wälder stießen. Das Beste von allem war jedoch der Geruch des frischen Backfisches und der brennenden Kräuter; denn wir waren früh aufgestanden, hatten hart gearbeitet, und nun knurrte uns der Magen. Wir legten die duftenden Fischteile zwischen unsere Fladen und setzten uns gemütlich in den Schatten einer Tamariske.

»Also«, forderte ich Benjamin auf und biß kräftig in den heißen Fisch. »Erzähl mal!«

»Du glaubst mir kein Wort«, meinte Benjamin.

»Doch. Bestimmt. Fang schon an,« bettelte ich und reckte mich, denn es wurde immer heißer, und ich hatte keine Lust, mich zu streiten.

Benjamin umschlang seine Knie mit den Armen und blickte verträumt auf den See. »Gut«, sagte er. »Ich fang mal an. Es war in der Woche vor dem Passafest. Die Menschen waren ganz versessen auf Jesus, den Propheten. Tausende folgten ihm nach, wo er auch hinging. Das Alltagsleben schien eine Zeitlang stillgelegt zu sein. Die Netze wurden nicht geflickt, es wurde nicht mehr gesät, die Verkaufsbuden waren geschlossen. Man brauchte ihn nur zu berühren, um geheilt zu werden.«

»Bist du auch hingegangen?«

»Nein, zuerst nicht. Weißt du, mein Großvater ist ein Pharisäer und arbeitet in der Synagoge. Er sagt, dieser Prophet sei verrückt oder teuflisch oder beides, und wir dürften nichts mit ihm zu tun haben. Meine Mutter ist auch völlig dagegen.

»Aber warum hassen ihn die Gelehrten und Pharisäer denn, wo er doch die Menschen heilt?«

»Weil er komische Ansichten verkündigt. Er findet, daß die Abgabe des Zehnten, das ständige Händewaschen, das Nichtstun am Sabbat und all die vielen kleinen Gesetze, die mein Großvater so strikt befolgt, nicht das Wichtigste sind. Er sagt, lieben, vergeben, miteinander teilen, die Wahrheit sagen — all das ist viel wichtiger. Außerdem hört kaum noch jemand auf unsere Schriftgelehrten. Deshalb ärgern sie sich so über Jesus. Und dann machen sie sich Gedanken wegen der Macht, die er besitzt. Woher hat er sie? Einige unserer Lehrer sagen, es sei eine böse Macht, die ihm der Böse gegeben hat, aber ich glaube das nicht.«

Ich starrte ihn ängstlich an, und die Worte meiner Mutter kehrten in mein Gedächnis zurück: »Die Macht des Bösen ist stärker als jede menschliche Kraft«. Dann stand das strahlende Gesicht der kleinen Astarte vor mir und anderseits der Haß und die Angst in Illyrikas Augen, als sie sich auf Ione stürzte. Hatten sie irgend etwas gemein? Ich konnte mir das nicht vorstellen. Doch Benjamin hatte mir immer noch nicht erzählt, was sich auf dem Berg hinter uns zugetragen hatte.

»Wir durften nicht zu ihm gehen«, fuhr Benjamin fort, »doch eines Morgens kamen der Prophet und seine Nachfolger ans Ufer herab. Sie bestiegen ein kleines Boot, und wir hörten, wie er sagte: 'Wir wollen auf die andere Seite rüberfahren.' Wir beobachteten, wie sie fortfuhren. Die beiden Söhne des Zebedäus ruderten. Aber die vielen Leute, die aus der Stadt herbeigeeilt waren, blieben enttäuscht stehen und starrten ihnen nach. Einige, die ihre Kranken heruntergetragen hatten, begannen zu weinen. Aber plötzlich drehten sich diejenigen, die am Rand des Ufers standen, um und rannten nach Norden, und die ganze Menge folgte ihnen. Alle eilten zur Jordanmündung bei Betsaida. Es waren Tausende. Das Ufer war ganz schwarz von Menschen.«

»Und du! Bist du auch mitgelaufen?«

»Mein Vater, ich und die Männer waren wohl als einzige am Strand zurückgeblieben. Da grinste mein Vater plötzlich und sagte: 'Wir wollen auch gehen. Ich will diesen Mann mal in Aktion erleben.' Ein oder zwei kleine Buden waren noch offen. Wir kauften etwas zu essen und ließen das Boot ins Wasser gleiten. Es war etwas windig, wir hißten das Segel und kamen noch vor der großen Masse am anderen Ufer an, doch der Prophet war schon umringt. Fast alle Kranken der Stadt waren schon vorher geheilt worden, aber es gab noch ein paar, die bei seiner Berührung aufstanden, und wir saßen still da und hörten ihm zu, während er redete und redete; sogar die Kinder waren ruhig.«

»Was sagte er denn?»

»Er sprach über sein Königreich. Er nennt es das Königreich Gottes. Er sagte: 'Das Königreich Gottes ist in euch selbst.' Ich glaube, er meinte damit, daß das Leben eines Menschen von Wahrheit, Freundlichkeit und Güte regiert werden kann, anstatt von Lüge, Haß und allem Bösen. Nicht der irdische Reichtum zählt, sondern der Friede im Herzen, und den wahren Reichtum erhalten wir im kommenden Leben. Ich kann mich nicht mehr an alles erinnern, aber ich habe viel darüber nachgedacht. Doch das wollte ich dir eigentlich gar nicht erzählen. Am Spätnachmittag passierte nämlich noch was.«

»Was denn?«

»Seine Nachfolger wollten ihn überreden, die Leute wegzuschicken, denn die wenigsten hatten anscheinend daran gedacht, Essen mitzubringen, und wir waren fast den ganzen Tag dort gewesen. Doch Jesus sagte: 'Gebt ihr ihnen zu essen!' Einer seiner Nachfolger lachte und witzelte über die Kosten, die damit verbunden wären. Aber Jesus lachte nicht. 'Wieviel Essen habt ihr bei euch?' fragte er.

Alle sahen sich um. Wir hatten so aufmerksam zugehört, daß wir unser Essen ganz vergessen hatten, doch jetzt schob mir mein Vater unseren Proviant in die Hand. 'Bring es ihm, wenn er's will!' sagte er. Also ging ich nach vorne und gab's ihm. Es waren nur fünf Gerstenbrote und zwei Fische, aber er schien sich darüber zu freuen. Seinen Nachfolgern sagte er, sie sollten dafür sorgen, daß sich die Menschen hinsetzten. Dann segnete er unser Essen in seiner Hand und brach es. Er gab seinen Jüngern davon, die es an die Menge weiterreichten. Dann kamen sie wieder zu ihm zurück und holten noch mehr. Und Jesus teilte die Brote und Fische immer weiter und hatte doch immer noch Brot und Fisch für sie bereit. Jeder aß, jeder war zufrieden, und als alle satt waren, umringten sie ihn und wollten ihn zum König machen. Aber er wandte sich ab und ging allein in die Berge hinauf, und schließlich gingen sie alle fort. Ich konnte es einfach nicht fassen, was geschehen war!«

Ich sagte nichts. Ich glaubte nicht eine Silbe davon. Und dennoch: Wieso sollte Benjamin diese Geschichte erfunden haben? Ich wollte jedoch den Rest hören, also sagte ich ihm, er solle weitererzählen.

Benjamin sah mich aus den Augenwinkeln heraus an. »Jetzt kommt's noch schlimmer«, kündigte er an. »Das wirst du mir ganz sicher nicht glauben.«

»Wenn ich das glauben kann, glaube ich dir auch alles andere«, entgegnete ich, »also kannst du's mir ruhig erzählen.«

»Nun, Jesus ging dort hinten auf den Berg und sagte seinen Jüngern, sie sollten ohne ihn nach Hause gehen. Es war jetzt schon spät, nach Sonnenuntergang. Wir blieben, bis die Letzten gingen, und fuhren alle zusammen los, die Jünger in ihrem großen Boot und wir in unserem kleinen und noch einige weitere Boote. Mein Vater war froh, seine alten Fischerfreunde wiederzutreffen, und wir hatten keine Eile. Wir waren mitten auf dem See, als der Sturm losbrach. Ich kann dir sagen, Philo, ich hab' schon viele Stürme auf dem See miterlebt, aber der übertraf alle. Warte ab, bis du einen hier erlebst! Der Wind fegt durch die Berge, fällt steil herunter, und in ein paar Minuten ist das Wasser aufgewühlt, und weiße Schaumkronen liegen auf den Wellen. Wir konnten keine Segel setzten; sie wären zerfetzt worden, und dagegenrudern konnten wir auch nicht. So ließen wir uns nur stundenlang von den Wellen hin und her stoßen, schöpften das Wasser aus dem Boot und warteten auf unser Ende.«

»Das kenne ich. So war es in der Nacht, als mein Vater ertrank«, bestätigte ich.

»Wir wären auch sicherlich ertrunken; aber gegen Morgen, als wir alle völlig erschöpft waren, geschah etwas. Plötzlich herrschte vollkommene Stille, als hätte jemand den Wind einfach ausgesperrt. Der Mond schien auf den ruhigen See. Keiner sagte etwas, wir schauten wie gebannt zum Boot der Jünger hinüber. In der Morgendämmerung konnten wir erkennen, wie sie ängstlich zusammengedrängt dasaßen. Jemand stand am Bug und streckte seine Arme aus.«

»Und Jesus war nicht dabei?«

»Das war's ja. Er war nicht dabei, als wir losfuhren. Wir glaubten auch nicht, daß er es war, bis wir an Land gingen. Wir folgten ihnen ans Ufer von Gennesaret, und tatsächlich: er war's! Die anderen murmelten alle und sagten: 'Was ist das für ein Mensch, dem sogar Wind und Wasser gehorchen?«

»Aber wie gelangte er in das Boot?«

»Das konnte keiner sagen. Aber einer seiner Jünger flüsterte: 'Er ging auf dem Wasser!'«

»Das kann ich einfach nicht glauben!« platzte ich heraus.

»Ich hab's dir ja gleich gesagt«, meinte Benjamin ruhig. »Aber wenn es nicht wahr ist, dann ist er geflogen, und das ist ebenso ungewöhlich. Jedenfalls stillte er den Sturm. Die Wellen legten sich mit einemmal.«

Ich schwieg, denn ich hatte viel Stoff zum Nachdenken. Ich dachte an die Worte meines Onkels Etbaal: »Ich glaube an die Macht der Natur, das Leben auf der Erde, das tut, was es will, ohne sich um den Menschen zu scheren.« Und dann daran, als ich mich in jener Nacht auf dem Meer an den Spanten geklammert hatte, hilflos dem Wind und den Wellen ausgeliefert. Gab es tatsächlich eine Macht, die stärker war als die Kräfte des Universums? Und besaß dieser Prophet sie wirklich? Aber es konnte einfach nicht wahr sein, es konnte nicht wahr sein!

10. Kapitel

Bald hatte ich mich an das Leben in Kafarnaum gewöhnt. Ich arbeitete hart, säuberte und flickte das große Schleppnetz, nahm den Fisch aus und legte ihn in Salz ein, trug ihn fort oder transportierte Verpflegung im Kahn. Wenn unsere Fässer voll waren, ruderten wir manchmal eine Ladung Fische den See hinunter zu den Pökelschuppen in Tarichäa. Dann wünschte ich mir, ich könnte in Tiberias an Land gehen und die blendend neue Stadt mit dem Palast erkunden, die von dem verhaßten Vierfürsten, Herodes Antipas, erbaut worden war. Aber Benjamin durfte keinen Fuß auf diesen Boden setzen, denn die Stadt war auf einer alten Beerdigungsstätte erbaut worden, und jeder Jude, der sie betrat, wurde dadurch kultisch unrein.

Wie ich den Küstenstrich und das gebirgige Hinterland meiner Heimatstadt erkundet hatte, so wollte ich die Seeufer hier kennenlernen, und als der Sommer heißer und das Tageslicht länger wurde, hatte ich ab und zu Gelegenheit dazu. Meine Tante hatte sich an meine Anwesenheit gewöhnt und machte um ihres Mannes willen das Beste daraus, aber wenn ihr Vater zum Essen eingeladen war, war es offensichtlich, daß er sich sehr an meiner Anwesenheit im Familienkreis stieß. Es war schon schlimm genug für den armen alten Pharisäer, mit meinem Onkel zu essen, obwohl er sich ja äußerlich dem jüdischen Ritual unterwarf. Ich hingegen war ein ungeschliffener Heide, und schon allein meine Gegenwart verunreinigte sein Essen. Deshalb schlüpfte ich hinaus, wenn er eingeladen war, und nahm meine Mahlzeit im schattigen Garten hinter dem Haus ein. Dort schmeckte es mir viel besser, als wenn ich unter seinem mißbilligenden Blick gegessen hätte. Doch hatte ich oft Heimweh und fragte mich, ob ich mein ganzes Leben lang dazu verdammt sei, nirgendwo richtig dazuzugehören.

Als eines Tages eine Familienfeier stattfand, hatte ich einen großartigen Einfall. Wir waren früh mit unserer Arbeit fertiggeworden, denn Benjamins Großvater und einige andere religiöse Führer der Synagoge wurden zum Essen erwartet, und meine Tante und die Mädchen hatten tagelang dafür gebacken. Sie waren alle ziemlich erschöpft und reizbar, und ich hatte den Eindruck, daß es am besten war, wenn ich mich aus dem Staub machte. Ich folgte meinem Onkel auf die Straße hinaus und zog ihn am Ärmel.

»Onkel Adoram!« flüsterte ich. »Darf ich gleich mit dem Kahn wegfahren? Ich denke, es ist besser, wenn ich nicht dabei bin.«

Mein Onkel nickte, und ich glaube, er hätte es auch vorgezogen, nicht dabeizusein. »Halt, nimm dir was zu essen mit!« sagte er, ging ins Haus und kam mit einem frischen Brot, einem Hühnerbein und Honigkuchen zurück.

»Hier, Junge«, sagte er lächelnd, »du sollst an unserem Fest nicht leer ausgehen.«

Ich war glücklich. Es war noch recht früh am Morgen, als ich den Kahn ins Wasser ließ und mich in die Ruder legte. Ich wußte genau, wohin ich wollte. Am jenseitigen Ufer, ein wenig südlich von der Stelle, wo Benjamin und ich gefischt hatten, lag die Stadt Kersa im Land der Gerasener. Die Städte auf der anderen Seite des Sees waren von griechischen Einwanderern bewohnt und von denen, die die griechische Kultur liebten. Ich hatte gehört, daß sie ihre Häuser mit herrlichen Statuen schmückten. Doch für die Juden war jede Statue ein Götzenbild, deshalb hätte Benjamin nicht mit mir kommen dürfen. Noch schlimmer war es in den Augen der Juden, daß sie dort drüben große Schweineherden hielten.

Der See war hier am Nordende ungefähr neun Kilometer breit. Ich ruderte gleichmäßig, ohne Unterbrechung und ohne mich zu verausgaben. Die Luft war frisch und die Wasseroberfläche glatt. Ich wollte nördlich der Stadt anlegen und mein Picknick am Ufer verzehren, obgleich die Landschaft ziemlich öde aussah. Vor mir ragten steile Klippen aus dem Wasser, aber ich dachte, ich könnte etwas Schatten in einer Uferhöhle oder einem Felsspalt finden. Ich ließ mich ans Ufer treiben, machte das Boot fest, sprang ins tiefe Wasser und schwamm parallel zum Ufer stromabwärts. Etwas weiter oben sah ich in der Nähe von Grabhöhlen Schweineherden zwischen den Felsen herumwühlen. Weiter entfernt lagen steile, schon abgeerntete Felder, wo die Ährenaufleser fleißig bei der Arbeit waren. In der Nähe des Ufers bewässerte ein Mann einen kleinen Weinberg und winkte mir zu.

Ich fühlte mich einsam, deshalb schwamm ich ans Ufer und ging zu ihm. Er sah seltsam aus: Gesichter und Glieder waren von tiefen Narben zerfurcht, als hätte ihn jemand mit einem stumpfen Gegenstand angegriffen, und an seinen Handgelenken erkannte ich Einschnitte von Eisenfesseln. Aber seine Augen glänzten und blickten warm, und er selbst war freundlich. Ich half ihm, Wasser zu seinem Weingärtchen zu tragen, und als wir damit fertig waren, pflückte er reife Sommerfeigen von seinem Baum, und wir setzten uns genüßlich kauend in den Schatten.

»Was machst du eigentlich hier drüben?« fragte er. Seine Frage klang so, als sei er wirklich daran interessiert. Gewöhnlich war ich schüchtern und mürrisch, aber diesem Mann öffnete ich mich und erzählte ihm, wie ich von zu Hause fortgelaufen war, bei meinem Onkel Zuflucht gefunden hatte, und daß ich, ein Fremdling, nichts bei den jüdischen Festen zu suchen hätte.

»Aber warum hat deine Mutter denn das Boot verkauft?« fragte er. »Der Fischereibetrieb an eurer Küste muß doch eigentlich gut gehen. Es war unvernünftig von ihr, das zu tun.«

Ich schwieg. Es fiel mir nicht leicht, über Illyrika zu sprechen. Sie war ein Schandfleck in unserem Leben, der bedrückende Schatten, der totzuschweigende Makel.

»Meine Schwester hat eine tödliche Krankheit«, murmelte ich. »Meine Mutter wollte das Geld für den Arzt haben. Aber es war mein Boot, weißt du. Sie hatte nicht das Recht, es einfach zu verkaufen. Und diese Krankheit ist sowieso unheilbar.«

»Habt ihr das Mädchen denn nicht zu dem Herrn Jesus gebracht?« fragte er schlicht. »Ich hörte, daß die Leute auch aus dem Norden und von allen Küstenstrichen zu ihm kamen. Habt ihr nie von ihm gehört?«

»Es ist keine normale Krankheit.« Ich schwieg einen Augenblick, dann sagte ich: »Der Prophet könnte sie nicht heilen, weißt du — meine Schwester hat einen bösen Geist.«

Ich konnte kaum glauben, was dann geschah. Dieser Mann erschauerte nicht und zuckte nicht zusammen, als er das hörte, wie ich es von anderen gewohnt war — er begann fröhlich zu lachen. All die Freude der Geburt, des Frühlings, des Sonnenaufgangs, die Freude allen Neubeginns war in diesem Lachen enthalten. Darüber war ich mir in jenem Augenblick nicht im klaren, ich wußte nur, daß das der fröhlichste Klang war, den ich jemals gehört hatte.

»Er kann sie nicht heilen?« wiederholte der Mann. »Junge, sieh mich mal genau an!«

Ich blickte ihn aufmerksam an und starrte auf die großen Schwielen und Narben an seiner Haut. Dann schaute ich ihm ins Gesicht, das durchdrungen war von Freude, und ich sah die Liebe aus seinen Augen strahlen.

»Junge«, fuhr er fort, »hast du die Grabhöhlen in den Felsen dort drüben gesehen?«

»Ja.«

»Stell dir vor, dort habe ich viele Jahre lang gehaust! Ich war als Kind schwer mißhandelt worden. Deshalb haßte ich meine Eltern, ich haßte das ganze Leben. Dann nahm ich Verbindung mit den bösen Geistern auf, um die, die mir Unrecht getan hatten, mit einem Fluch zu behaften. Doch man kann die Macht des Bösen nicht besitzen, sondern wird von ihr beherrscht, und mein bitteres Herz war ein guter Nährboden für sie. Von da an lebte ich in der Hölle. Meine Freunde verstießen mich aus der Stadt, die Grabhöhlen in den Felsen wurden mein Zuhause, und ich hatte nicht einen bösen Geist, sondern viele. Du darfst deine Schwester nicht hassen, Junge, du mußt sie bemitleiden. Ja, leide tief mit ihr, denn ihre Seele ist jetzt schon in der Hölle.«

Mich überkam plötzlich furchtbare Angst. »Was willst du damit sagen?« flüsterte ich. »Was ist denn passiert?«

»Ich kann mich nicht genau erinnern an das, was geschah. Man hat mir erzählt, daß ich schrie und tobte, mir alle Kleider vom Leib riß und mich mit Steinen schnitt, so daß sie mich anketten mußten. Ich kann mich nur noch an die Verzweiflung und Einsamkeit in der Gemeinschaft mit dem Bösen erinnern. Jeder wandte sich von mir ab. Da war noch ein anderer besessener Mann bei mir. Die Menschen mieden uns, die Tiere, die Vögel flohen vor uns. Nirgendwo war Liebe zu finden. Die Dämonen haben sich vor langer Zeit von der Liebe abgewandt ... und wir waren ständig ruhelos und gehetzt, von dem Wissen geplagt, daß unser Leben anders hätte sein können.«

Ich erschauerte und rückte etwas von ihm ab. »Es gibt keine

größere Macht als die Macht des Bösen!« hatte meine Mutter gesagt. Doch wo waren sie nun geblieben, diese Dämonen? Ich sah hinter mich, die Felsen strebten fast senkrecht empor, etwas verschwommen in der Mittagshitze, sonst gab es nichts zu sehen.

»Wo sind sie jetzt?« murmelte ich ängstlich. »Was ist passiert?«

Er sah mich erstaunt an, als hätte er erwartet, daß ich es wüßte. »Was passiert ist?« wiederholte er. »Na, der Herr Jesus kam natürlich! Er überquerte extra wegen uns den See. Das Böse kann vor ihm nicht standhalten, er hat uns befreit.«

Ich setzte mich aufrecht hin und starrte ihn an. »Was hat er gemacht?« stieß ich hervor. »Erzähle mir genau, wie das zuging!«

Er seufzte. »Ich habe versucht, es überall im Gebiet der Zehn Städte zu erzählen«, erklärte er. »Denn darum hatte Jesus mich gebeten. Aber die Leute verstehen mich nicht richtig. Sie waren ja auch nie in der Hölle, und ich kann mich sowieso nicht erinnern, nur noch an furchtbare Angst, Dunkelheit und Wirrnis. Und dann war das alles mit einem Schlag vorbei, und wir waren frei. Ich könnte unser Erlebnis so beschreiben, daß wir von bösen Leuten in einem schrecklichen Verließ gefangengehalten worden waren, bis wir vergessen hatten, was frische Luft und Sonnenschein ist. Und dann wurde die Stadt belagert, und die Feinde kämpften voller Angst um ihr Leben, bis der Sieger hereinritt und sie kreischend vor ihm die Flucht ergriffen und wir befreit wurden.«

»Aber... aber... wie ging das denn vor sich?«

Er schüttelte bedauernd den Kopf. »Das kann ich dir nicht erklären, jedenfalls würdest du es nicht verstehen. Ich saß auf dem Berg, und irgendwo unter mir fand ein Getrampel, Grunzen und Platschen statt, aber ich bemerkte es zu diesem Zeitpunkt nicht. Jemand hatte einen Mantel über meinen nackten, blutenden Körper geworfen, und zum ersten Mal seit Jahren herrschte Stille um mich her. Das verrückte Getriebenwerden hatte aufgehört, und ich war endlich zur Ruhe gekommen. Ringsherum war ich von Liebe eingehüllt, die mich wie frisches Wasser umspülte, und die Vögel sangen. Mein glühender Durst war gestillt, ich fühlte mich wie neugeboren. Alles hat ganz neu begonnen.«

»Aber was hat er gesagt?«

»Daran kann ich mich nicht erinnern. Ich hörte nur das Kreischen und den Kampf, der in mir tobte. Seine Nachfolger erzählten mir hinterher, daß er den Dämonen befohlen hatte, in die Schweine zu fahren, und natürlich mußten sie ihm gehorchen. Alles im Himmel und auf der Erde und in der Hölle muß ihm gehorchen, wenn er befiehlt, denn er ist der Sieger.»

»Was hast du dann gemacht?«

»Ich fiel ihm zu Füßen und betete ihn an. Der andere Mann war gegangen. Dann kamen die Leute wütend und ängstlich aus der Stadt gerannt, weil die Dämonen ihre Schweine ins Wasser gestürzt hatten. Die Menschen baten ihn, von ihnen fortzugehen, aber ich ließ ihn nicht los und flehte ihn an, mit ihm gehen zu dürfen.«

»Was sagte er zu dir?«

»Ich glaube, er wäre gern geblieben, um zu heilen, zu lieben, all denen Gutes zu tun, die zu ihm kamen. Aber sie wollten nichts von ihm wissen. Ihre Schweine waren ihnen wichtiger. Deshalb ging er fort, aber ich nehme an, daß er mich zurückließ, um die Nachricht weiterzusagen, die er bringen wollte. Aber sie hörten nicht auf ihn. Zu mir sagte er: 'Geh nach Hause und erzähl deinen Freunden, was ich für dich getan habe und wie ich mich deiner erbarmte!'

Das habe ich versucht zu tun. Ich sah zu, wie das Boot fortsegelte, und meinte, daß die Liebe, das Leben und die Kraft mich nun für immer verließen. Doch zum ersten Mal seit meiner Kindheit nahm ich die Farben des Sonnenuntergangs über den Bergen Galiläas und die Spiegelung im Wasser wahr, die roten Anemonen im Gras und die bunt schillernden Flügel des Eisvogels. Die Ziegen wurden in der Dämmerung nach Hause getrieben, aber anstatt vor mir zu fliehen, beschnupperten sie meine Hände. Als ich in die Stadt ging, kamen mir die Kinder entgegengelaufen, und die Türen wurden mir geöffnet. Er ist die Quelle des Lebens, der Liebe und alles Schönen, und wir, die wir von diesem Lebensstrom getrunken haben, begegnen dem allen überall. Unser Durst ist gestillt.«

»Glauben dir die andern, wenn du ihnen das erzählst?«

»Nur wenige. Sie hören zu, wundern sich, aber ihre Schweine sind ihnen immer noch wichtiger. Keiner kann das richtig verstehen, der nicht wie ich die Hölle hinter sich hat.«

Ich ging nicht in die Stadt, die ich eigentlich hatte besichtigen wollen. Ich war zu sehr beeindruckt von dem, was ich gerade gehört hatte, deshalb ging ich zum Boot zurück und holte mein Picknick. Ich teilte es mit dem Mann, und er nahm seine Hälfte dankbar an, als sei jede Freude eine neue und wunderbare Erfahrung. Dann verabschiedete ich mich von ihm, was ich nur ungern tat, denn für mich war er der glücklichste Mensch, der mir je begegnet war.

Tief in Gedanken versunken ruderte ich über den See zurück, machte das Boot am Ufer fest und ging, ohne die Vorübergehenden zu beachten, zum Haus meines Onkels. Das Fest war vorbei, aber einige Pharisäer und Synagogenvorsteher waren noch im Haus zurückgeblieben und sprachen mit dem Vater meiner Tante. Ich wollte nicht hineingehen und schlenderte in den Garten. Dort waren alle Kinder unter dem Maulbeerbaum versammelt, und in der Mitte stand ein Mädchen, etwa so alt wie ich, dem Benjamin besondere Aufmerksamkeit schenkte.

Sie machten alle miteinander einen sehr fröhlichen Eindruck. Zuerst stand ich recht schüchtern außerhalb des Kreises, doch bald schon befand ich mich mitten unter ihnen. Das helle Lachen des Mädchens schien aus einer verborgenen Freudenquelle hervorzusprudeln. Es erinnerte mich irgendwie an Ione, obwohl das Mädchen größer und dunkler war. Seine Augen strahlten vor Freude und Freundlichkeit, und weil es solch eine lebhafte Art hatte, fühlten wir uns alle irgendwie lebendiger und glücklicher. Es war mir rätselhaft, wie solch ein Wesen in irgendeiner Verbindung stehen konnte zu den langweiligen Kleinigkeitskrämern, wie ich die religiösen Führer im stillen nannte. Doch wie ich das dachte, wurde das Mädchen ins Haus gerufen.

»Ich muß jetzt gehen!« rief es fröhlich. »War das nicht ein schöner Tag? Ihr müßt alle bald mal zu uns kommen, dann werden wir ein Gartenfest veranstalten.«

Es hüpfte wie ein Sonnenstrahl über die Wiese, dann war es verschwunden. Eines nach dem andern gingen die Kinder mit ihren Eltern fort. Benjamins Schwestern gingen hinein, um aufzuräumen, und ich blieb allein mit ihm zurück.

»Wer ist dieses Mädchen?« fragte ich abrupt.

»Das ist Maria, die Tochter des Synagogenvorstehers. Sie ist was ganz Besonderes.«

Ich schmunzelte. »Das sieht man dir an, Junge!« sagte ich.

Er lachte nicht. »So meine ich das nicht«, entgegnete er ernst. »Ich meine, daß etwas Besonderes mit ihr geschehen ist, sie ist anders.«

»Was ist mit ihr passiert?«

»Was ich dir jetzt sage, darfst du nie vor meiner Mutter oder meinem Großvater erwähnen. Er sagt, das sei alles Unsinn, und sie hätte nur geschlafen.«

»Wieso sollte sie nicht geschlafen haben?«

»Sie schlief eben nicht, jedenfalls behaupten das alle, die mit in ihrem Haus waren. Und Jairus wäre dann nicht hinausgerannt und hätte sich nicht laut weinend auf die Erde gekniet, wenn sie nur geschlafen hätte. Schließlich ist er der Oberste der Synagoge.«

»Bei allen Göttern«, sagte ich gereizt, »wovon sprichst du eigentlich? Wer schlief oder schlief nicht, und warum wird soviel Aufhebens davon gemacht?«

Benjamin schluckte und sah sich nach allen Seiten um, ob wir auch wirklich allein waren.

»Weil Maria tot war«, flüsterte er, »aber Jesus nahm ihre Hand, und da wachte sie wieder auf.«

11. Kapitel

In jener Nacht konnte ich nicht schlafen. Es war sehr heiß, und Benjamin, Joel und ich trugen unsere Matratzen aufs Dach, wo die Luft frischer war. Die beiden Brüder schliefen sofort ein, aber ich warf mich von einer Seite auf die andere, stand ab und zu auf und sah über die Brüstung aufs Wasser hinaus. Der Mondschein überflutete die kleine Stadt Kafarnaum, ließ die weißen Hausmauern und die Synagoge aufleuchten und versilberte den See. Der nächtliche Geruch von faulendem Fisch, gebratenem Öl und Seewasser wurde von einer kleinen Brise heraufgetragen, und ich legte meinen schmerzenden Kopf auf meine Arme und versuchte zu überlegen. Aber meine Gedanken drehten sich ständig im Kreis. Immer wieder fielen mir die einfachen Worte des Mannes am anderen Ufer ein: »Geh nach Hause und erzähl es!«

Ich hatte Benjamins Geschichten nicht geglaubt, aber ich bezweifelte nicht im geringsten, daß der Mann die Wahrheit gesagt hatte. Es klang sehr glaubhaft, daß die Tiere vor dem Besessenen flohen. Mir fiel plötzlich ein, wie Ione einmal mit einem verletzten jungen Hund nach Hause gekommen war — ein kleines, müdes Tier, das ihr übers Gesicht leckte und ihr Kinn mit der Schnauze stupste, als sie es die Straße hinauftrug. Aber sobald das Hündchen im Haus und die Tür geschlossen war, versteifte es sich, verkroch sich in eine Ecke und jaulte herzzerreißend. Als dann jemand die Tür öffnete, rettete es sich hinaus ins Freie und war auf und davon.

»Geh nach Hause und erzähl es!« Ich dachte an mein Zuhause, meine verbrauchte, erschöpfte Mutter, die mich kaum wahrnehmen würde, wenn ich zu Hause erschiene. Ich sah meine gequälte Schwester vor mir, wie sie in der Ecke kauerte, mal weinte, mal knurrte, dann wieder tobte und Haß versprühte. Und dann dachte ich nur noch an Ione, die von Anfang an geglaubt hatte, wie eine kleine Kerze in der Dunkelheit, und ich fragte mich, ob das Licht jetzt wohl ausgelöscht worden war. Illyrika haßte ihr freundliches, liebes Wesen und würde sicher versucht haben, sie zu töten. Und ich, ich hatte sie schutzlos und in Todesgefahr alleingelassen. Vielleicht war es jetzt schon zu spät. Angst und Schuldgefühle überwältigten mich, ich vergrub mein Gesicht in den Armen und sehnte mich nach dem Morgengrauen.

Schließlich legte ich mich nieder und starrte zu den helleuchtenden Sternen empor. Welche Macht lenkte sie beim Auf- und Niedergang, und was hielt sie in ihren Bahnen? Ich mußte wohl ab und zu eingenickt sein, denn das Morgengrauen schlich herbei, ohne daß ich es bemerkte, bis ich in der zarten Helligkeit des Sommermorgens aufsprang. Ich stieg leise die äußere Treppe hinunter und fragte mich, ob ich zu spät dran war, denn ich wollte meinen Onkel am Ufer abfangen.

Alles lag noch im Schatten, denn die Sonne war noch nicht über den Bergen aufgegangen. Benjamin würde bald eintreffen, um den Fang zu sortieren und die Körbe hinaufzutragen, aber wenn ich Glück hatte, würde ich noch Gelegenheit haben, meinem Onkel zuzuflüstern, daß ich ihn unter vier Augen sprechen wolle. Und tatsächlich, gerade als das erste gleißende Licht meine Augen blendete, so daß ich die Berggipfel nicht sehen konnte, ging das Boot an Land, und die Männer wateten ans Ufer.

»Wo steckt denn mein fauler Sohn?« fragte mein Onkel ärgerlich. »Du hättest ihn wecken sollen.«

»Er wird jeden Augenblick hier sein«, antwortete ich, und da sah ich auch schon seine kleine Gestalt am Grasrand entlangeilen. »Aber ich wollte dich zuerst was fragen. Onkel Adoram, ich möchte gern nach Hause gehen.«

Er sah zu mir herab. »Hast du Heimweh? Oder war jemand unfreundlich zu dir?«

Ich schüttelte den Kopf. »Es ist was geschehen. Ich muß einfach gehen.«

»Na schön, jetzt haben wir aber keine Zeit zum Reden. Häng dich ans Tau, Junge, wir haben einen guten Fang gemacht. Wir können dann zu Hause darüber sprechen.«

Benjamin traf außer Atem ein, und sein Vater wandte sich ihm mit hochgezogenen Brauen zu: »Benjamin, du weißt, was dich erwartet, wenn du dich noch einmal von der Sonne wecken läßt!«

Ich arbeitete verbissen, gönnte mir keine Zeit und sehnte mich danach, schon unterwegs zu sein, aber der Schatten auf der Sonnenuhr im Garten meines Onkels war recht klein geworden, bevor die Pflichten des Tages erledigt waren und Onkel Adoram Zeit hatte, mit mir zu reden. Als wir uns schließlich im Schatten des Feigenbaumes niederließen, hatte ich keine Eile mehr. Ich wollte ihm alles erzählen und gleichzeitig meine Fragen beantwortet bekommen.

»Also«, fragte mein Onkel, »weshalb willst du ausgerechnet jetzt nach Hause gehen? Joel wird bald seinen Unterricht in der Synagoge beendet haben. Kannst du nicht noch ein wenig warten?«

Ich schüttelte den Kopf. »Onkel Adoram«, platzte es aus mir heraus. »Was hältst du von diesem Jesus? Gestern traf ich einen Mann, der mir erzählte, er sei von Dämonen besessen gewesen, und Jesus hätte ihn geheilt. Wenn er solche Macht über die bösen Geister hat, dann kann er doch auch Illyrika befreien. Und wo ist er jetzt eigentlich?«

»Man sagt, er sei nach Westen, zur Küste gegangen.« Mein Onkel sprach unsicher und langsam. »Ich weiß kaum, was ich von dem allen halten soll, Philo. Hier sind seltsame Dinge geschehen, aber du darfst nie etwas in Gegenwart deiner Tante erwähnen. Die Schriftgelehrten und Pharisäer sagen, daß er selbst von einem Dämon besessen ist und alles das durch die Kraft des Bösen tut.«

»Aber kann das Böse denn heilen und Leben schenken und die Augen der Blinden öffnen? Das ist aber eine seltsame böse Kraft!«

»Leben schenken? Wer hat dir das erzählt?«

»Benjamin, er erzählte mir von Maria, Jairus' Tochter. Unser Cousin auf dem Bauernhof bei Sarepta hat auch davon gehört.«

Mein Onkel zuckte die Achseln. »Sie mag in einem Koma gelegen haben; der sturmgepeitschte See kann sich von selbst beruhigt haben durch irgendwelche Grillen der Natur, und viele Menschen genesen auch nach einer Krankheit wieder. Aber dieser Prophet muß auf manche Leute unwahrscheinlich anziehend wirken, daß ihm so viele folgen, wie Simon und Andreas, die weiter unten in unserer Straße wohnten, die beiden Söhne des Zebedäus mit ihrem guten Boot, ja sogar der Zolleinnehmer Levi, obwohl der kein großer Verlust für uns war. Aber sie alle waren keine Frauen oder Kinder, die sich von Fabeln umgarnen lassen, sie waren meine Freunde, gestandene Männer mit gutgehenden Betrieben. 'Folgt mir nach!' hatte er einfach zu ihnen gesagt, und sie standen auf, verließen ihre Netze, ihre Boote und ihren Broterwerb und zogen mit ihm los. Was haben sie nur in ihm gesehen, und was für eine Kraft ist das, die die Menschen so anzieht?«

Ich hatte darauf auch keine Antwort, und mein Onkel starrte unbeweglich auf den Oleanderbusch, der in voller Blüte über dem Brunnen stand. Ich hatte ihn noch nie so grüblerisch erlebt.

»Aber was glaubst du denn, Onkel Adoram?«

»Ich weiß es nicht, Junge. Eine Religion, die lehrt, freundlich, gerecht und ehrlich zu sein, ist mehr nach meinem Geschmack als dieses ewige Händewaschen. Jedenfalls kann es nichts schaden, wenn du zu Hause nach dem Rechten schaust. Komm mit ins Haus, wir wollen dir etwas Reiseproviant einpacken. Du machst dich am besten bald auf den Weg.«

Meine Tante, die offensichtlich sehr erfreut war, mich loszuwerden, packte ein Bündel aus Brotfladen, gepökeltem Fisch, Käse und Oliven, und mein Onkel steckte etwas Geld in meinen Gürtel. »Bring das deiner Mutter!« sagte er. »Du hast hart gearbeitet und es verdient!« Ich wußte, daß es ihm, Joel und Benjamin schwerfiel, mich ziehen zu lassen und freute mich darüber. Sie standen im Tor, und ich verließ sie mit einem Kloß im Hals, denn Benjamin war mein erster richtiger Freund. Er war mir so nah wie ein Bruder, und mein Onkel war ein zweiter Vater für mich.

Ich stieg ins Hochland über Kafarnaum und versuchte, mich an die Vorstellung zu gewöhnen, daß ich nach Hause ging. Ich wußte nicht, ob ich darüber froh oder traurig sein sollte. Ich kehrte zurück zu meiner aussichtslosen Zukunft und meinem bedrückenden Zuhause, aber ich kehrte auch zu meiner Mutter und Ione zurück, zu den frischen Küstenwinden und dem Salzgeruch des Meerwassers.

Gleichzeitig verließ ich, was ich liebgewonnen hatte. Ich blieb auf dem Kamm des ersten Hügels stehen und sah zurück auf den blauen Spiegel des herzförmigen Sees und auf seine Ufer. Auf der anderen Seite hatte ich den Mann mit der narbigen Haut und den strahlenden, glücklichen Augen getroffen. Im Norden befand sich die kleine Bucht, wo Benjamin und ich an jenem sonnendurchfluteten Morgen gepicknickt hatten. Dort, wo sich der Jordan in den See ergoß, war das Wasser grün und tief. Direkt unter mir lagen die Dächer Kafarnaums, die glänzende Synagoge, das Ufer und die kleinen Boote in der Bucht. Im Süden lagen der Berg Arbel mit dem Tal der Räuber und seinen geheimnisvollen Höhlen, Magdala, Gennesaret und die großen, leuchtenden Gebäude und Lustgärten von Tiberias. Ja, das war ein schöner Abschnitt in meinem Leben gewesen, doch nun wollte ich wieder nach Hause zurück. Ich wandte mich um und stieg weiter bergauf zur Handelsstraße nach Phönizien. Viele Menschen und Tiere waren zu dieser Morgenstunde unterwegs, und ich fühlte mich kräftig und frisch. Mittags setzte ich mich unter einen Bergahorn am Straßenrand und ließ es mir schmecken. Ich war auf dem Weg nach Hause ...

In dieser Nacht schlief ich unten im Tal, denn ich war die kühlere Luft auf den Höhen nicht mehr gewöhnt, und ging bei Sonnenaufgang weiter. Gestärkt durch das gute Essen meiner Tante war ich tags zuvor zügig vorwärtsgeschritten, und ich wollte so viele Kilometer wie möglich zurücklegen, bevor es richtig heiß wurde. Ich hielt mich an einen Karawanenzug mit Eseln und Kamelen, denn ich war mir des Geldes in meinem Gürtel wohl bewußt. Dadurch wurde mir Schutz, aber wenig Gesellschaft geboten, denn die Reisenden waren Hebräer und unterhielten sich nicht mit einem kleinen Syro-Phönizier wie mir.

Wir schleppten uns weiter über das öde Hochland von Westgaliläa, während es immer heißer wurde. Schließlich erreichten wir den letzten Paß, und hier ruhte ich mich aus und ließ die Karawane weiterziehen. Die Straße führte endlich steil bergab zur Küstenebene, die golden glänzend von abgeernteten Feldern zu meinen Füßen lag. Der Hitzeschleier hatte sich gehoben, und die Sicht war klar. Weit in der Ferne erkannte ich das türkisfarbene Meer, das sich vom blauen Himmel abhob.

Es gab keine Blumenfelder mehr, nur braunes Gestrüpp und große, blaue Disteln, aber ich stand auf und lief weiter, denn obwohl in der Ebene kaum Schatten vorhanden war, war ich entschlossen, vor Einbruch der Nacht zu Hause zu sein. Den ganzen Nachmittag über, während die Erntearbeiter und Ährenleser im Schatten ruhten, schleppte ich mich mühsam weiter.

Als ich schließlich den Damm, der zur Inselstadt führte, erreichte, ging die Sonne über dem Meer unter, und die salzige, lebenspendende Brise blies mir ins Gesicht. Aber ich beschleunigte meinen Schritt nicht, denn eine eigenartige Vorahnung überfiel mich, als würde ich gleich einer fremden Macht gegenübertreten, die ich nicht kannte. Ich blieb stehen und bemerkte, daß ich zitterte.

Es blieb mir jedoch nichts anderes übrig, als weiterzugehen. Als ich unsere Straße erreichte, war das Licht geschwunden und der Lärm der Stadt verebbt. Hinter verriegelten Türen schliefen kleine Kinder, und müde Erntearbeiter ruhten sich aus. Die Fischer waren mit den Booten hinausgefahren, und das Kreischen der Möwen war verstummt. Ich erreichte unser Haus und klopfte.

Aus dem Innern erklang eine fremde Mädchenstimme: »Wer da?«

Mein Herz pochte wie wild. Wer konnte das nur sein? Hatte meine Familie das Haus verkaufen und in eine elende Hütte ziehen müssen? Oder hatte sich meine Vorahnung bewahrheitet? Hatte sich die Kraft, die Illyrika in ihrer Gewalt hatte, freien Lauf geschaffen und alle vernichtet? In panischer Angst donnerte ich gegen die Holztür und schlug mir die Knöchel wund.

»Ich bin's, Philometor, Sohn des Hadad, ich bin nach Hause gekommen. Laßt mich rein!«

Die Tür wurde sofort von einem schlanken Mädchen geöffnet, das zögernd mit dem Rücken zum Licht stand, so daß ich sein Gesicht nicht erkennen konnte. Es trat zur Seite, als meine Mutter und Ione mit ausgebreiteten Armen auf mich zustürzten, mich fest an sich drückten und hereinzogen. Ich aber blieb reglos und verblüfft stehen und starrte über ihre Schultern. Die kleine Öllampe flackerte im Luftzug und warf Schatten an die Wände, aber es waren keine dunklen Schatten mehr. Das Licht tanzte einen Augenblick über das Gesicht des fremden Mädchens, das still neben uns stand und darauf wartete, mich begrüßen zu können. Das Mädchen hatte klare, glückliche Augen und ein scheues Lächeln, und in diesem Moment erkannte ich es. Es war meine Schwester Illyrika.

12. Kapitel

Ich konnte mir denken, was geschehen war, aber ich stellte an jenem Abend wenig Fragen. Obwohl sie mich so herzlich empfingen, kamen mir meine Mutter und Illyrika wie Fremde vor. Ich hatte das Gefühl, von einem Frieden umgeben zu sein, an dem ich keinen Anteil hatte. Außerdem dröhnte mein Kopf vor Hitze und Erschöpfung, und ich wollte nichts weiter als schlafen. Ich verschlang heißhungrig das kärgliche Essen, das sie mir bereiteten und legte mich dann wie in vergangenen Zeiten auf das unbenutzte Fischgerät. Am Morgen würde mir Ione alles erzählen. Mit dem tröstenden Gedanken, daß sie sich wenigstens nicht verändert hatte, schlief ich ein. Als ich am nächsten Tag erwachte, wußte ich nicht, ob ich das alles nur geträumt hatte. Ich warf einen furchtsamen Blick in die dunkle Ecke, in der Illyrika sonst immer gehockt hatte, doch sie war leer, und im ganzen Haus herrschte eine ungewohnte Frische und Sauberkeit. Meine Mutter kehrte mir den Rücken zu, während sie das Korn mahlte. In diesem Augenblick öffnete sich die Tür, ein breiter Sonnenstrahl fiel in den Raum, und meine beiden Schwestern traten ein, jede mit einem tönernen Wasserkrug auf dem Kopf.

Ich starrte Illyrika an, graziös und schlank, mit roten Wangen von der Sonne und der körperlichen Arbeit. Sie kam auf mich zu und küßte mich, und dabei bemerkte ich die Narben an ihren Armen. In meiner Verlegenheit platzte ich mit dem ersten, was mir in den Sinn kam, heraus:

»Ich bin froh, daß es dir besser geht, Illyrika.«

»Ja, dankeschön.« Sie zögerte. »Ja ... er ist gekommen ... er hat mich geheilt.«

Die tiefe, stille Freude auf ihrem Gesicht flößte mir Ehrfurcht ein. Ich hatte diesen Blick schon vorher gesehen. Ich wandte mich, fast barsch, an Ione.

»Ione, stell deinen Wasserkrug ab und komme mit mir hinaus! Ich brauch' dich heute morgen.«

Sie wandte sich zuerst an ihre Mutter. »Was ist mit dem Ährenlesen? Kann ich nachkommen?«

»Ährenlesen!« rief ich aufgebracht. »Davon lebt ihr also? Sind wir denn so arm, daß das nötig ist?« Mir fiel das Geld in meinem Gürtel ein, und ich warf es meiner Mutter hin. »Mein Lohn«, erklärte ich. »Das wird reichen, bis ich Arbeit finde. Komm, Ione!«

Ich ging voraus, und sie trottete wie gewöhnlich hinter mir her und versuchte, mit meinen langen Schritten mitzuhalten. Ich führte sie zum Olivenhain, wo wir uns auf eine alte knorrige Wurzel in den filigranartigen Schatten silberner Blätter setzten.

»Also los!« befahl ich. »Erzähl mir alles! Ich möchte ganz genau wissen, was passiert ist.«

Ione umschlang ihre Knie mit den Armen und begann der Reihe nach zu erzählen. Ich hörte schweigend zu, denn sie sprach sehr schlicht, so daß mir keine Zweifel kamen. Nachdem ich fortgegangen war, war alles noch viel schlimmer geworden. Die Geisterbeschwörerin war wiederholt gekommen, und meine Mutter hatte immer mehr Geld weggegeben, und jedesmal, wenn die Beschwörerin kam, schien Illyrika wilder zu werden. Als die Gerstenernte begann, brachten sie einen großen Balken vor der Haustür an, damit Illyrika nicht hinaus konnte, während meine Mutter und Ione Ährenlesen gingen. Manchmal kamen sie nach Hause und trafen Illyrika zerschlagen und blutend an, inmitten eines wüsten Durcheinanders.

»Und währenddessen sind ständig viele Menschen zu Jesus gegangen und geheilt zurückgekommen«, sagte Ione. »Ich hab' Mama immer wieder davon erzählt, aber sie hat nichts davon hören wollen.«

»Warum nicht?«

»Sie hat gemeint, es sei unmöglich, Illyrika zu ihm zu bringen. Wenn jemand seinen Namen nur erwähnte, schrie sie und fluchte und versuchte sogar, uns zu töten. Aber ich hab' immer wieder daran gedacht, wie Jesus den kleinen Jungen nur durch ein Wort geheilt hat. Als ich an einem Morgen zum Brunnen ging, waren die Straßen fast leer. 'Wo sind alle Leute hingegangen?' fragte ich jemanden. 'Sie sind zum Propheten Jesus gegangen. Er kommt die Küstenstraße herauf. Man sagt, er will nach Sidon', hat die Frau gesagt.

'Was, er ist über die Grenze hierhergekommen?' rief ich.

'Ja, er ist in unserem Land.' Da hab' ich Mama nicht mal

um Erlaubnis gefragt. Ich hab' den Wasserkrug hinters Haus gestellt und bin losgerannt. So viele Menschen haben auf ihn gewartet, und als er vorbeikam, drängten sich so viele zu ihm, daß ich ihn kaum sehen konnte. Ich hab' einfach nicht näher an ihn herankommen können, aber dann hab' ich mich auf einen Felsen gestellt.«

»Wie konntest du ihn denn in dieser Menschenmenge erkennen?«

Sie sah mich erstaunt an. »Oh, Philo, du hättest dich nicht täuschen können, er ist nicht wie andere Menschen. Außerdem hat er mich auf dem Felsen stehen sehen und mich angelächelt. Da hab' ich's gewußt.«

»Was wußtest du?«

»Na, daß er Illyrika gesund machen könnte.«

»Aber woher wußtest du das denn? Hast du ihn gefragt?«

»Nein, ich hätte mich nie durch die Menge drängen können. Ich hab's eben einfach gewußt. Ich kann's dir nicht erklären. Wenn du ihn gesehen hättest, hättest du's auch gewußt.«

Sie schwieg und sah versonnen vor sich hin. Ich betrachtete sie von der Seite. Allmählich wurde mir dieser Gesichtsausdruck vertraut. Sie sah aus, als hätte sie dem Propheten ins Gesicht geschaut und darin alles, was ein Kind je zu sehen wünschte, gesehen. Ich dagegen, mit meinem ruhelosen, unzufriedenen Herzen, fühlte mich betrogen und war sehr verstimmt.

»Wach auf!« rief ich. »Was hast du dann gemacht?«

»Ich bin heimgerannt und hab's Mama erzählt, und diesmal hat sie gewußt, daß ich die Wahrheit sagte. Illyrika hat furchtbar getobt, deshalb hat Mama den Balken vor die Tür getan und mir zugerufen, ich solle draußen warten. Ich hab' aufgepaßt, und sie ist zu Jesus gegangen.«

»Was passierte dann? Kam er zu uns?«

»Nein, Mama ist zu ihm gegangen. Sie ist hinter ihm hergelaufen und hat laut geweint und gerufen. Schließlich ist er stehengeblieben und hat mit ihr geredet, und da hat sie's auch gewußt.«

»Und was geschah mit Illyrika?«

»Ich hab' wirklich Angst gehabt, Philo. Sie hat wohl gespürt, daß Jesus in der Nähe war, und ich hab' schon gedacht, daß sie die Tür kaputtschlägt. Alle waren fortgerannt, und ich war ganz allein. Plötzlich gab es einen furchtbaren Schrei, und dann war alles still. Da hab' ich geglaubt, sie sei tot, und hab' zu weinen angefangen, aber ich hab's nicht gewagt, die Tür zu öffnen, bis Mama zurückkam.«

»Hatte Mutter Angst?«

»Nein, Mama hatte ja mit ihm gesprochen und gewußt, daß sie geheilt war. Illyrika lag am Boden, ihre Kleider waren ganz zerrissen, aber sie schlief. Da waren wir beide ganz sicher. Sie hat nicht wie sonst gestöhnt und gemurmelt. Sie schlief ganz friedlich, wie ... wie wir schlafen.«

»Und was passierte, als sie erwachte?«

»Ich glaub' nicht, daß sie in der Nacht überhaupt aufwachte. Ich hab's auch gar nicht abgewartet. Als ich sah, daß alles in Ordnung war, bin ich losgerannt.«

»Du ranntest weg? Wohin denn?«

»Wohin wohl?« Iones Augen strahlten. »Ich bin natürlich zu Isebel gerannt, in ihr Haus und in ihr Zimmer hineingestürmt und hab' ihr gesagt, sie soll ihren Wagen anspannen und ihren Mann am Morgen auf die Küstenstraße bringen und dann herauskriegen, wohin die Menschen gegangen sind. Ich weiß ja, daß sich ein Aussätziger von anderen absondern muß, aber ich hab' ihr gesagt, sie soll einfach durch die Menge fahren und irgendwie versuchen, ihn zu erreichen. Dann hat sie zu weinen angefangen, aber ich hab' wieder nach Hause wollen und bin weggegangen. Als ich bei der letzten Treppenstufe angelangt war, hab' ich gehört, daß sie ihre Diener zusammenrief.«

»Und wie war es zu Hause?«

»Mama und Illyrika schliefen noch, aber alles war irgendwie anders. Ich hab' mich auch schlafen gelegt, und ich hab' keine Angst mehr gehabt. Am nächsten Morgen bin ich zum Brunnen gegangen, während Mama über Illyrika wachte. Sie hat aber immer weiter geschlafen, deshalb bin ich allein Ährenlesen gegangen.«

»Aber warum müßt ihr denn Ährenlesen? Was ist mit dem Geld, das ihr für das Boot bekommen habt? Sicherlich hat Mutter nicht alles der Geisterbeschwörerin gegeben?«

Ione zuckte die Achseln.

»Ich glaub' nicht, daß sie von Hiram viel Geld bekommen hat. Er hat ihr nur gegeben, was er geben wollte, und Mama mußte damit zufrieden sein, weil sie solche Angst davor hatte, daß die Beschwörerin sie verfluchen würde. Aber wir haben uns durchgeschlagen.

Als ich wieder nach Hause kam, war die Tür offen, und Illyrika saß drinnen, direkt vor der Tür. Mama hatte sie gewaschen, ihr Haar gekämmt und ihre Wunden und Striemen gesalbt. Sie hatte Illyrika ein sauberes weißes Kleid angezogen, und Illyrika sah wirklich schön aus. Ich bin auf sie zugerannt, und sie hat gelächelt und einen Arm um mich gelegt. Am nächsten Tag ist sie mit mir zum Brunnen gegangen.«

»Und die andern Frauen? Sind sie alle weggerannt, als sie Illyrika kommen sahen?«

»Ja, aber ich bin hinter ihnen hergelaufen und hab' ihnen erzählt, daß Jesus sie geheilt hat, und dann sind sie zurückgekommen. So viele sind von ihm geheilt worden, und viele Menschen glauben an ihn. Wie sollte man auch nicht, wenn die Blinden wieder sehen können, die Teufel ausgetrieben werden und die Aussätzigen rein sind.«

»Wurde der Aussätzige denn rein?«

»Klar. Das hab' ich dir gerade erzählen wollen. Kaum war ich ins Haus getreten, standen zwei Diener vor der Tür. Sie brachten ein zubereitetes, geröstetes Lamm, viele Brotfladen, Früchte, Sesamkuchen und Weinflaschen. Und weißt du was, Philo?« In ihren Wangen entstanden Grübchen, als sie lachte: »Es war alles für mich! Sie hatten mir etwas von ihrem großen Festessen gebracht, das in Isebels Haus stattgefunden hat, weil ihr Mann heimgekehrt war, und sie haben gesagt, daß er das mir zu verdanken hätte. Wir haben das richtig genossen. Wir haben Astarte und ihre Eltern eingeladen und fast die ganze Nacht durch geredet, gelacht, gegessen und getrunken. Schade, daß du nicht dabei warst.«

»Hat Illyrika auch geredet und gelacht?«

»Nicht viel. Sie ist sehr still. Sie schaut sich nur alle Sachen genau an, vor allem draußen, als ob sie sie nie zuvor gesehen hätte. Sie ist fast wie ein neugeborenes Kind, wenn du weißt, was ich meine.«

Ich wußte genau, was sie meinte. Ich hatte andere gesehen, den Gerasener, Maria und jetzt Illyrika. Aber wieso war das solch ein Grund zur Freude? Mein Vater war nicht mehr da, wir waren schrecklich arm, und was am schlimmsten war, dieser niederträchtige Schuft Hiram hatte mein Boot so gut wie nachgeworfen bekommen. Blinder Haß kam in mir auf und schien mich zu würgen. Ich wußte nur eins: Ich für meine Person konnte nicht eher fröhlich sein, bis ich es Hiram heimgezahlt hatte. Ich ballte meine Fäuste und trat wutentbrannt gegen den Olivenbaum. Ione sah mich erstaunt an.

»Was ist denn los, Philo?« fragte sie. »Freust du dich nicht, daß es Illyrika jetzt gutgeht?«

»Natürlich freu' ich mich darüber«, sagte ich barsch. »Aber auf der Welt gibt es noch andere Dinge außer diesem Propheten, doch manche Leute scheinen nicht weiter denken zu können als ihre Nase lang ist!«

Ich erhob mich und ging mit Riesenschritten los, weil ich nicht sehen wollte, wie das Strahlen in ihrem Gesicht erlosch oder Tränen der Enttäuschung in ihre Augen stürzten. Als ich am Rand des Hains ankam, drehte ich mich nach ihr um, ob sie mir folgte, aber sie war in die andere Richtung gerannt, um zusammen mit Mutter Ähren zu lesen.

Ich ging nicht nach Hause. Ich war wie besessen vor Zorn. Ich war wütend auf Ione, weil sie einfach weggelaufen war, wütend auf mich, weil ich sie verletzt hatte und so schrecklich wütend auf Hiram, daß ich ihm sicherlich an die Gurgel gesprungen wäre, wenn er mir jetzt über den Weg gelaufen wäre. Ganz unbewußt schlug ich den Weg zum Strand ein, nach dem ich mich so sehr gesehnt hatte, als ich schwitzend und schnaufend am Netz in Kafarnaum arbeitete. Aber selbst der Geruch des Meeres vermochte mich nicht zu besänftigen. Ich stieß wütend gegen die Kieselsteine, ohne zu sehen, wohin ich ging, als eine freundliche Stimme sagte:

»Grüß dich, Philo! Bist du wieder zurückgekommen? Du warst lange weg.«

Ich sah schnell auf. Es war der Freund meines Vaters, der große, bärtige Gastwirt, dessen weiser Rat in jener schrecklichen Nacht nach dem Sturm Illyrika das Leben gerettet hatte. Ich küßte ihm höflich die Hand, und er legte sie auf meine Schulter.

»Was hast du denn gemacht, Philo? Ich hörte, du warst in Israel. Deine Mutter und deine Schwester hätten dich hier nötig gebraucht.«

Ich errötete und sah zu Boden.

»Ich ging zu meinem Onkel nach Kafarnaum. Ich hab' dort im See gefischt und gestern abend meinen Lohn nach Hause gebracht.«

»Das ist gut. Jetzt mußt du aber hierbleiben und für sie arbeiten, wie es dein Vater getan hätte. Wirst du zu Hirams Mannschaft zurückkehren?«

Ich hörte die leichte Besorgnis aus seiner Stimme heraus und schüttelte wild den Kopf. »Niemals!« knirschte ich. »Er hat meine Mutter überredet, ihm das Boot meines Vaters zu einem Spottpreis zu verkaufen. Er wußte, daß sie nehmen mußte, was er ihr bot. Er ist ein Dieb und beutet die Armen aus.«

Der Mann blickte nachdenklich drein.

»Und dennoch ist er ein reicher Mann«, sagte er. »Sein Vater ist vor kurzem gestorben und hat ihm ein ansehnliches Erbe hinterlassen. Er hat zwei weitere Boote gekauft, wenn du am Strand weitergehst, wirst du sie auf dem Kies liegen sehen. Ich meine aber, daß du vernünftig handelst, wenn du dir einen anderen Herrn suchst. Er hat einen schlechten Ruf, und seine Mannschaft haßt ihn.«

Ich dankte ihm und ging die Straße hinauf, weg vom Strand, der mir nun irgendwie besudelt vorkam. Ich konnte es nicht ertragen, das Boot meines Vaters in der Hand dieses Schurken wiederzusehen — zweifellos neu verpicht und überholt. Auf dem Nachhauseweg war ich blind für meine Umwelt. Meine Sinne waren von wilden Racheplänen gefangengenommen. Ich würde Löcher in Hirams Boot bohren, ich würde ihn ruinieren, ich wollte sein Haus in Brand stecken, ich wollte seine Netze zerschneiden und wenn möglich, auch seine Kehle. Ich kam spannungsgeladen, voll ohnmächtiger Wut zu Hause an und stieß schwungvoll die Tür auf. Illyrika hatte ihre Haushaltspflichten erledigt und wollte gerade zum Ährenlesen aufbrechen.

Mit der alten Illyrika hätte ich besser harmoniert als mit diesem ruhigen, attraktiven Mädchen, das mich so freundlich begrüßte.

»Komm, Philo«, sagte sie, »du hast noch nicht gefrühstückt, ich werde dich bedienen.«

Etwas besänftigt dadurch, daß sie mir die Ehrerbietung erwies, die einem Mann gebührte, setzte ich mich nieder und ließ mir von ihr Wasser für die Hände und Füße bringen. Sie setzte mir frisches Brot und Oliven vor und eine volle Schüssel Buttermilch. Ich fühlte mich dennoch unwohl in ihrer Gegenwart, weil sie mir immer noch wie eine Fremde erschien. Ich bedeutete ihr, sich zu mir zu setzen, nachdem sie mich bedient hatte. Sie zeigte keinerlei Anzeichen von Befangenheit. Sie bewegte sich anmutig und sicher und sah mir direkt ins Gesicht.

»Ist Ione Ährenlesen gegangen?« fragte sie. »Ich nehme an, daß sie dir alles erzählt hat, was hier passierte, während du fort warst. Es ist aber schön, daß du wieder da bist, Philo. Wir brauchen dich.«

»Ione hat mir erzählt, was sie weiß«, sagte ich langsam. »Aber ich habe noch ein paar Fragen an dich.«

»Dann stell sie mir, Philo«, forderte sie mich auf. »Alles, was ich weiß, werde ich dir sagen.«

»Nun«, sagte ich, »du warst allein im Haus, als es geschah. Kannst du mir beschreiben, was genau passierte?«

Sie runzelte die Stirn. Ich wußte, daß sie nichts zu verbergen hatte. Sie würde mir alles, woran sie sich erinnerte, wahrheitsgemäß und klar erzählen. Ich dachte an Iones Worte: 'Sie ist wie ein neugeborenes Kind.'

»Es ist nicht einfach zu beschreiben, Philo, weil ich mich nur noch sehr vage an den bösen Geist erinnern kann, seitdem er fort ist. Ich kann mich bloß an entsetzliche Angst und an sowas wie erstickende Hitze erinnern. So ist das Böse, es vergiftet die ganze Atmosphäre, in der du lebst, und läßt dein Herz vertrocknen. Du dürstest nach dem, was du nie erhalten wirst und klammerst dich an das, was du verabscheust.«

»Was wolltest du denn haben?«

»Ich wußte es nicht, bis ich es bekam. Ich bin wie jemand, der eine Quelle frischen, kühlen Wassers gefunden hat und trinkt und trinkt, unaufhörlich Durst nach mehr hat, dabei aber trotzdem befriedigt ist.«

»Was ist denn passiert?«

»Ich kann es dir nicht sagen. Einen Augenblick lang tobte es in mir wie noch nie, und im nächsten Moment war alles vorbei. Ich lag zerschlagen und blutend am Boden, aber ich war allein. Ich war nicht nur geheilt, und das Böse war ausgezogen; ich war mit Frieden erfüllt und wußte, daß das Böse nie wieder bei mir einziehen konnte, weil er mich berührt hatte. Dann schlief ich.«

»Wie meinst du das, Schwester? Wer berührte dich?«

»Na, der Herr Jesus!«

»Jesus? Ione sagte, er hätte die Küstenstraße nie verlassen.«

Sie lächelte. »Ist das denn so seltsam, Philo?« fragte sie. »Haben die Griechen die Göttin Demeter in körperlicher Gestalt gesehen? Und dennoch glauben sie, daß die Erde ihre Frucht hervorbringt, wenn sie darübergeht. Ist ihnen Apollo jemals erschienen? Doch wenn sie den Sonnenaufgang sehen, glauben sie, daß er in seinem Wagen durch den Himmel fährt. Haben die Juden ihren Jahwe je gesehen? Dennoch behaupten sie, daß er sich ihnen naht und sich für sie einsetzt. Würde er sein Machtwort sprechen und mich schutzlos zurücklassen? Nein, sein Geist des Friedens zog in mir ein, sobald der böse Geist mich verließ. Diese Kraft ist viel mächtiger als das Böse. Ich glaube, sie ist die stärkste Macht der Welt.«

Ich staunte über die Weisheit, die aus ihr sprach. Sie hatte das immer gewußt, selbst als sie noch in den Klauen des Teufels war.

»Aber Apollo, Jahwe ... das sind doch alles Götter!« verwunderte ich mich. »Jedenfalls für die, die an sie glauben. Dieser Prophet aber ist ein Galiläer, ein Mann aus dem Volk.«

Sie sah mir direkt in die Augen und lächelte. Dieses Lächeln war mir bekannt, und ich zuckte zusammen, denn kein Haß konnte ihm standhalten. Die ganze Kraft des Lebens, der Liebe und der Schönheit schien sich in ihr vereint zu haben, als sie sagte: »Er ist mein Gott.«

13. Kapitel

Unser Geschick hatte sich gewandt. Mein Onkel hatte mir viel mehr Geld für meine Mutter mitgegeben, als ich eigentlich verdient hatte, und in ihrer weisen Voraussicht schlug Illyrika vor, einen kleinen Webstuhl zu kaufen. Die Purpurfärberei war ein gutgehendes Gewerbe in Tyrus, denn Könige und reiche Männer in der ganzen Provinz trugen Purpur als Statussymbol. Die Purpurschnecken wurden aus dem Meer geholt. Ihre Drüsen schieden einen gelben Saft aus, mit dem die Stoffe gefärbt wurden. An der Sonne verfärbten sie sich dann purpurn. Es war einträglich, wenn man zu Hause feine Stoffe webte. Die Mädchen lernten das Spinnen und Weben schnell, meine Mutter jedoch mühsam. Als die Erntezeit vorbei war, arbeiteten die drei Frauen abwechselnd am Webstuhl, und das Geld kam zuerst langsam, dann schneller ins Haus, als sie immer flinker wurden.

Meine eigene Situation sah schwieriger aus. Ich war zurückgekommen, um meiner Familie zu sagen, daß Illyrika geheilt werden könnte, und ich wollte sie ernähren. Aber Illyrika war bereits geheilt, und eine Zeitlang wurde ich von den Frauen ernährt, was ich kaum ertragen konnte. Ich hatte vorgehabt, wieder fischen zu gehen und mich einer neu gebildeten Mannschaft anzuschließen, aber ich konnte mich einfach nicht überwinden, zurück zum Strand und zu den Booten zu gehen. Ich wußte nun auch von meiner Mutter selbst, daß sie in ihrer großen Angst vor dem Fluch der Beschwörerin das Boot einem Mann, der schon reich genug war, quasi verschenkt hatte. Mein Haß war um das Zehnfache angewachsen, und ich konnte den Gedanken nicht ertragen, Hiram jeden Morgen begegnen zu müssen und mit anzusehen, wie er sich als Herr über seine Mannschaft aufspielte und sich über meine Armut mockierte. Ich half hier und dort aus, wo man jemand brauchte, und half meinen Verwandten bei der letzten Ernte. Doch sie hatten vier stramme Söhne und benötigten mich eigentlich nicht. Erschöpft und entmutigt kehrte ich nach Hause zurück, denn die Erntearbeit war schwer, und ich war es nicht gewohnt, bei solcher Hitze zu arbeiten.

Obwohl sich mein Zuhause so verändert hatte, war ich nicht glücklich darüber, denn ich fühlte mich immer noch wie ein Fremder. Solang ich denken konnte, hatte ich mich in Tyrus vor dem finsteren Schatten gefürchtet, der uns bedrückte, und die Leute gingen mir wegen meiner Schwester aus dem Weg. In Kafarnaum war ich als Heide in einen jüdischen Haushalt eingedrungen, wo ich insgeheim verachtet wurde und mich nicht wohlfühlte. Und jetzt, wo mein Zuhause so gesegnet und friedevoll war, hatte ich wiederum keinen Anteil daran, denn wie stimmt Licht mit Finsternis überein, Liebe mit Haß oder Heilung und Vergebung mit Rache? Mich dürstete nach dem, was sie gefunden hatten, und doch wich ich ihm aus, denn ich spürte, daß ich einen Preis dafür zahlen müßte, und der schien mir zu hoch.

Schließlich löste Ione mein Arbeitsproblem, jedenfalls vorübergehend. Seitdem der Aussätzige geheilt war, war ihr seine Frau Isebel noch mehr zugetan, und Ione besuchte sie oft, half ihr, verschiedene Dinge im Haus zu erledigen und kam mit allen möglichen Geschenken und Köstlichkeiten zurück. Eines Abends kam sie — ihre Augen glänzten vor Begeisterung — ins Haus gestürzt.

»Philo«, verkündete sie eifrig, »Isebels Mann will dich sprechen.«

»So?« meinte ich unbeeindruckt. »Der Aussätzige? Ja, ich bin geradezu erpicht darauf, ihn zu berühren.«

»Er ist nicht mehr aussätzig, das weißt du genau. Er ist jetzt ein sehr starker Mann und möchte dich sehen.«

Ich war doch neugierig geworden. »Ich gehe jetzt gleich«, entschied ich. »Es bleibt lange hell abends. Wo kann ich ihn finden?«

»Bis zum Sonnenuntergang draußen in den Weinbergen. Ich schlage vor, daß du dich vorher erst noch wäschst und dir eine saubere Tunika überziehst. Ich glaube, es ist ziemlich wichtig.«

»Was soll das heißen?«

»Du wirst schon sehen.«

Mehr konnte ich nicht aus ihr herausbekommen, und so ging ich gespannt die Hafenstraße entlang. Isebels Mann besaß riesige Felder und Weinberge. Während seiner Krankheit hatte sie ein treuer Diener bestellt. Doch nun war er schon alt und froh, sie seinem Herrn in gepflegtem Zustand wieder übergeben zu können.

Ich erreichte das große, weiße Haus und erkundigte mich etwas schüchtern nach dem Herrn. Ich wurde hinausgeschickt und begegnete ihm, als er mit einem Korb voll frühreifer Trauben vom Weinberg kam. Ich grüßte ihn respektvoll und stellte mich vor, und er forderte mich auf, ihm zum Haus zu folgen. Als wir den schattigen Eingang erreichten, setzte er sich auf eine Bank und bedeutete mir mit einer Handbewegung, dasselbe zu tun.

»Also du bist Philo«, sagte er, »der Bruder unserer kleinen Botschafterin des Lebens.«

Er sprach schlicht und freundlich, ohne die prahlerische Großtuerei, das stolze Gehabe, das die Reichen an sich hatten. Ich sah schüchtern zu ihm auf. »Wir werden niemals an deiner kleinen Schwester gutmachen können, was wir ihr schulden«, fuhr er fort. »Aber wir möchten alles tun, was in unserer Macht steht. Ich höre, daß du eine Arbeitsstelle suchst. Die Weinlese beginnt jetzt, und danach ist die Olivenernte an der Reihe. Du siehst kräftig aus, und dein Vater war als ehrlicher Mann bekannt. Möchtest du für mich arbeiten, bis die Erntezeit vorbei ist?«

Und ob ich das wollte! Es schien zu schön, um wahr zu sein, und ich war sprachlos vor Staunen. Ich hoffte, daß meine Augen meine Dankbarkeit ausdrückten. Ich versprach, bei Tagesanbruch dazusein, und schlief in dieser Nacht fast nicht, vor Angst, ich könnte zu spät kommen. Jeden Tag rannte ich dann bei Sonnenaufgang an der Bucht entlang über den Damm zum Festland und erreichte den Weinberg, wenn die Blätter und die Beeren noch vom Tau glänzten. Ich pflückte die großen Trauben, legte sie sorgfältig in die Körbe und trug diese auf meinem Kopf zum Haus. Die Arbeit war anstrengend in der Sommerhitze, aber wir hatten einen gütigen Herrn. Mittags aßen und tranken wir und ruhten uns unter dem dichten Laubwerk der Feigenbäume aus. Wir gingen erst wieder an unsere Arbeit zurück, wenn die Sonnenstrahlen kürzer wurden. Es war gewöhnlich dunkel, wenn ich müde zu Hause eintraf, aß und mich schlafenlegte. Auf diese Weise sah ich meine Mutter und Schwestern kaum, aber mein Herr zahlte mir einen guten Lohn, und wir waren weder hungrig, noch zählten wir länger zu den Ärmsten der Armen.

Ich lieferte meiner Mutter nicht alles ab, was ich verdiente. Jedesmal, wenn mir mein Lohn ausgezahlt wurde, versteckte ich etwas davon in einem Sack unter dem Haufen alter Fischgeräte, denn ich war von meinen Racheplänen besessen. Eines Tages würde ich ein reicher Mann sein. Dann würde ich Hiram ruinieren und das Boot meines Vaters zurückkaufen. Ich schmiedete meine Rachepläne bei der Weinlese, unter den Feigenbäumen in der Mittagspause und während ich die Bucht entlangrannte. Rache war mein Lebensziel, und ich war nur in meinen wilden Tagträumen wirklich glücklich.

Doch diese schöne Zeit ging bald zu Ende, denn die Tage wurden kürzer, und die Erntezeit war vorbei. Die Sonne schien noch warm, die Weinbeeren und Feigen schrumpelten beim Dörren auf den Dächern, die Weinblätter leuchteten rostbraun. Es gab kaum etwas auf dem Hof zu tun, bis der Frühregen auf die ausgedörrte, rosafarbene Erde fallen und das Herbstpflügen beginnen würde. Mein Arbeitsverhältnis war offiziell gelöst, aber ich ging noch zwei- bis dreimal in der Woche hinauf, um die Eselsställe zu säubern oder die Kamele zu tränken.

Dann fiel der Regen, bald darauf lag der erste Schnee auf dem Libanon, und der Westwind wühlte das Meer auf. Es wurde stürmisch draußen, die Fischer versammelten sich im Gasthaus, und die Boote lagen nächtelang unbenutzt am Strand. Ich hatte viel Zeit am frühen Morgen und sehnte mich nach der Gischt und den großen Wellen. Dann würde Hiram noch schlafen, denn jeder wußte, daß er in der Kneipe meistens über seinen Durst trank. Ich rannte die verlassenen Straßen hinunter, die einsamen Strände entlang, an den Booten vorbei, die am Kies festgemacht waren, und meine Haß- und Racheträume waren so wild wie der Sturm und so heftig wie die Brandung.

Eines Morgens entdeckte ich einen Jungen in einem von Hirams Booten. Er flickte einen Riß im Segel. Ich kannte ihn vom Sehen, er war etwas älter als ich, und ich nahm an, daß er meinen Platz eingenommen hatte. Der Junge sah verdrießlich drein, und meine Neugierde war so stark, daß ich ihn ansprach. Er lugte über das Heck.

»Was machst du denn hier?« fragte er ziemlich barsch. »Es ist ein stürmischer Tag für einen Strandspaziergang.«

»Das Wetter paßt genau zu meiner Stimmung«, antwortete

ich leichthin. »Und was treibst du? Gehörst du etwa zu Hirams Leuten?«

»Ja«, sagte der Junge, spuckte aus und fluchte. »Du warst doch auch mal dabei, oder nicht?«

»Ja, ich gehörte mal zu seiner Mannschaft, aber nie wieder! Lieber gehe ich betteln und hungere, als daß ich für ihn arbeite.«

»Du hast Glück gehabt, daß du abhauen konntest. Ich hasse ihn auch, aber wenn ich ihn verließe, müßten andere mit mir betteln gehen und hungern. Meine Mutter ist verwitwet, und ich bin ihr ältester Sohn.«

Ich wollte gerade sagen, daß ich in der gleichen Lage war, doch ich schämte mich und blieb still, denn ich war nicht so rücksichtsvoll gewesen wie dieser zerlumpte Junge. Ich hatte mir keinerlei Gedanken um das Schicksal meiner Familie gemacht, als ich nach Israel fortgerannt war. Aber es war gut, einen Gleichgesinnten gefunden zu haben, deshalb kletterte ich über den Bootsrand und setzte mich zu ihm.

Der Junge zog seine Tunika hoch und zeigte mir seinen Rücken, der übersät von Schwielen war, einige waren noch nicht verheilt.

»Das hat er mir getan!« sagte er. »Ich trug neulich die Fische zum Markplatz hoch, und der Händler sagte, daß am angegebenen Gewicht einiges fehlte. Hiram dreht laufend solche Dinge, aber sie machen sich nicht immer die Mühe, die Fische auszuwiegen, vor allem, wenn es ein großer Fang ist. Doch diesmal hatten sie ihn ertappt, und was tat er? Er beschuldigte mich, die fehlenden Fische auf dem Weg zum Markt gestohlen zu haben, und er prügelte mich fast tot. Tagelang konnte ich nur noch humpeln. Danach zahlte er mir nicht den vollen Lohn, solange ich nicht wie die anderen kräftig am Tau ziehen konnte. Wie ich diesen gemeinen Schuft hasse! Wir hassen ihn alle. Eines Tages werde ich es ihm zurückzahlen.«

Ich war begeistert. Allein konnte ich nicht viel gegen Hiram ausrichten, aber mit einem Komplizen, dessen Vorsatz genauso fest war wie meiner, war nichts unmöglich. Ich ballte meine Fäuste und erzählte ihm meine Geschichte.

»Ich hasse ihn auch, weil er ein Dieb ist und die Armen unterdrückt. Siehst du das Boot dort? Das war mein Boot, das mir mein Vater hinterlassen hatte, als er im Meer ertrank. Meine

Mutter hatte Schulden, die sie nicht bezahlen konnte — meine Schwester war von einem Teufel besessen, und die Geisterbeschwörerin drohte Mutter, sie zu verfluchen, wenn sie nicht augenblicklich zahlte. Hiram wußte das, und er bekam das Boot fast nachgeworfen; meine Mutter war so blöd, einfach das anzunehmen, was er ihr bot. Er hat das Boot quasi geschenkt bekommen. Ihm kann es ja egal sein, daß meine Familie nun hungert. Eines Tages werde ich es ihm heimzahlen und mir das Boot zurückholen, weil es meins ist, ich sag's dir, meins!«

Der Junge sah mich interessiert an. »Vielleicht könnten wir eine Abmachung treffen«, meinte er nachdenklich. »Hör dir meinen Plan an: Bevor der Spätregen fällt, wenn die Frühjahrsfluten hoch gehen, wird das Wetter stürmisch sein. Die Boote werden wie heute am Strand liegen. Dann könnten wir beide bei Neumond zusammen eins seiner Boote anzünden. Wir brauchen dazu nur etwas Holz, ein wenig Pech und Schwefel ...«

Meine Augen funkelten. »Warum nicht schon heute nacht?« flüsterte ich.

Er schüttelte den Kopf. »Das wäre zu gewagt«, sagte er. »Er hat mir ja gerade Leid zugefügt und würde mich als ersten verdächtigen. Laß ihn noch ein paar seiner Jungen prügeln und noch ein paar weitere Kunden betrügen, dann wird mehr Auswahl unter den möglichen Tätern sein. Außerdem müssen wir das, was wir brauchen, in kleinen Mengen besorgen. Wenn wir einen Eimer voll Pech kaufen und das Boot in derselben Nacht in Brand stecken, würde der Händler zwei und zwei zusammenzählen. Nur Geduld, mein Freund! Er wird für seine Sünden bis auf den letzten Pfennig büßen müssen.«

Mir war beinahe leicht ums Herz, als ich nach Hause ging. Ich war nicht länger frustriert wegen der Undurchführbarkeit meiner Träume, sondern ich hatte jetzt einen richtigen, machbaren Plan gefaßt. Er sollte das Pech besorgen und ich den Schwefel, und beide wollten wir Brennholz sammeln. Er würde die Nacht bestimmen, in der wir uns rächen wollten, und ich würde mich bereithalten. Ich hatte nur eine Bedingung gestellt: Es sollte nicht das Boot meines Vaters sein, das in Brand gesteckt würde.

Zu Hause fand ich meine Mutter allein am Webstuhl vor. Meine Schwestern waren zusammen fortgegangen, um Stoff zum

Händler zu bringen. Ich setzte mich neben sie und nahm ihr das Schiffchen aus der Hand. Es war selten, daß ich meine Mutter für mich allein hatte, denn trotz allem war sie immerhin meine Mutter, und ich liebte sie.

»Mutter«, sagte ich, »hör auf zu weben und sag mir, was wirklich geschah, als du zum Propheten gingst. Ione ist nur ein Kind, und Illyrika kann sich kaum erinnern.«

Sie schüttelte verwundert den Kopf. »Es ist immer noch fast unfaßbar, um darüber zu reden«, sagte sie. »Wenn jemand anderes so zu mir gesprochen hätte, wie er es tat, wäre ich beleidigt gewesen. Aber er kann niemand beleidigen, denn alles, was er sagt und ausstrahlt, ist Liebe. Ich habe es zuerst nicht verstanden, aber es ist mir später klargeworden.«

»Aber was hat er denn gesagt?«

»Zuerst gar nichts. Ich war fast verrückt vor Hoffnung, Sehnsucht und Furcht, und ich folgte laut rufend der Menge. Ich wußte, daß er ein Jude war, also redete ich ihn mit 'Sohn Davids' an. Immer wieder rief ich: 'Sohn Davids, hab Erbarmen mit mir!'«

»Was hat er geantwortet?«

»Nichts. Er ging einfach weiter. Seine Nachfolger waren böse auf mich. 'Sieh zu, daß du sie loswirst', sagten sie. 'Sie schreit ja hinter uns her!' Aber ich meinte ja nicht sie, sondern ihn. Schließlich sagte er: 'Ich bin nur zu der verlorenen Herde, dem Volk Israel, gesandt worden.'«

»Das dachte ich mir schon. Aber trotzdem hat er auch die kleine Astarte geheilt.«

»Genau. Ich wußte, daß er etwas anderes meinte. Ich hatte nämlich den falschen Namen benutzt, und er wollte mir das zeigen. Als Sohn Davids ist er nur zu seinem eigenen Volk gesandt worden, aber es gibt noch einen anderen Namen, einen Namen, den ich und alle anderen benutzen können. Jetzt war er stehengeblieben, und ich drängte mich an seinen Jüngern vorbei und warf mich vor ihm nieder: 'Hilf mir doch, Herr!' rief ich. Dann sagte er wieder etwas Seltsames: 'Es ist nicht recht, den Kindern das Brot wegzunehmen und es den Hunden vorzuwerfen.'«

Ich sah empört auf: »Er hat dich einen Hund geschimpft?«

Sie lächelte mit Tränen in den Augen. »Oh, du verstehst das nicht, Philo, weil du nie seine Stimme gehört hast. Er hat meine Liebe, mein Begehren, mein Verständnis geprüft. Wie sehr begehrte ich das, was er mir so gern geben wollte? Welchen Preis war ich gewillt, dafür zu zahlen?

'Gewiß, Herr', hab' ich geantwortet, 'aber die Hunde bekommen doch wenigstens die Brotkrumen, die vom Tisch ihrer Herren herunterfallen.' Brot oder Krumen waren gleichermaßen gesegnet von ihm. Andere mochten denken, daß er mich hart behandelte, aber ich begriff, was er meinte, und als ich das gesagt hatte, leuchtete die Freude in seinem Gesicht auf, und seine Liebe überspülte mich völlig.

'Du hast großes Vertrauen, Frau!' rief er. 'Was du willst, soll geschehen!' Da wußte ich, daß er stärker als die bösen Mächte ist, und daß Illyrika geheilt war.«

»Mutter, was für eine Kraft ist das, die er hat, und wer ist er?«

Sie schwieg eine Zeitlang, dann sagte sie sehr leise:

»Ich glaube, er ist der größte Gott, den es gibt. Ich denke, daß seine Kraft die Macht der Liebe ist.«

14. Kapitel

Ich hielt engen Kontakt zu dem Jungen namens Jabin, der meinen Platz im Boot eingenommen hatte, und wir bereiteten unseren Racheakt mit größter Sorgfalt vor. Wir wollten eine stürmische Neumondnacht wählen, wenn die See zu ungestüm zum Fischen war. Aber gleichzeitig mußte das Wetter trocken sein, denn ein regendurchtränktes Boot würde nicht brennen. Die Bedingungen waren also schwierig, und Wochen vergingen, während wir auf günstige Wetterverhältnisse warteten. In der Zwischenzeit hatte ich einen guten Vorrat an Schwefel angesammelt, den ich in kleinen Mengen bei verschiedenen Händlern gekauft hatte, und mein Freund hatte auch Erfolg mit seinem Pechvorrat. An einem Abend nach der Jahreswende trafen wir uns bei der Hafenmauer. Es war ein klarer, stürmischer Tag gewesen. Das Meer war noch zu aufgewühlt für die Schiffahrt, und der Hafen war beinahe leer.

»Jetzt ist's soweit, Philo«, sagte mein Freund gelassen. »Morgen nacht ist Neumond, es wird also ziemlich dunkel sein. Wenn der Wind so bleibt und es nicht regnet, könnten wir es versuchen.«

»Versuchen?« wiederholte ich. »Wenn wir es versuchen, müssen wir auch Erfolg haben; ich versuche es kein zweites Mal. Und was, wenn er uns verdächtigt?«

»Das wird er nicht; er hat zu viele Feinde. Er betrügt, wo er geht und steht, und seine Mannschaft haßt ihn mehr denn je. Bevor das Boot in Flammen aufgeht, werden wir uns in die Dünen schlagen, und wenn die Flammen steigen, werden wir von der Rückseite des Fischerviertels zur Menge der Schaulustigen stoßen. Wenn wir von hinten ankommen und versuchen, uns nach vorn zu drängen — wer soll dann schon ahnen, daß wir je ganz vorne waren? Sag mir das!«

Darauf konnte ich nichts sagen. Er war älter als ich und viel, viel mutiger. Er sah, wie die Angst in meinen Augen flackerte und lachte.

»Also?« fragte er. »Willst du mitmachen oder nicht?«

»J... ja...aa, schon«, stotterte ich. »Natürlich mach' ich mit.« Ich bemühte mich, meinen alten Haß auflodern zu lassen, indem ich die Vergangenheit heraufbeschwor: Ich erinnerte mich an die Begegnung mit Hiram am Strand, wo ich erfuhr, daß er mein Boot gemietet hatte, und an Mutters Geständnis, es ihm verkauft zu haben, um die Beschwörerin mit dem Geld bezahlen zu können. Ich schlenderte sogar am Strand entlang und starrte das Boot aus einiger Entfernung an, wobei ich die Erinnerung an jene glücklichen Nächte wachrief, als mein Vater und ich darin zusammen aufs Meer fuhren. Aber ich kam vielmehr traurig und bedrückt als wütend nach Hause. In der Nacht erwachte ich und lauschte hoffnungsvoll, ob es draußen regnete, doch es war nichts zu hören außer dem Heulen des Windes und dem Schrei einer Nachtschwalbe, und ich lag zitternd vor Furcht wach bis zum Morgen.

Strahlender Sonnenschein, Hochwasser, Neumond und ein steter Ostwind, der die Wogen zu schäumender Gischt aufpeitschte, waren ideale Voraussetzungen. Ich traf mich mit meinem Freund Jabin am Stadtrand, um die letzten Einzelheiten durchzusprechen. Er war in der vergangenen Nacht schon unten am Strand gewesen und hatte unsere Munition unter einem Zelttuch versteckt und darüber einen Steinhaufen aufgetürmt. Er war äußerst tüchtig und schien wirklich an alles zu denken. Wir durften nicht in den Straßen herumlungern, wir wollten uns kurz nach Sonnenuntergang in den Dünen verstecken und dort bis Mitternacht warten. Das Brennholz wollten wir unter dem Bootsheck aufstapeln, mit Pech und Schwefel überschütten und dann in Brand setzen. Lange bevor die Flammen in den Himmel steigen würden, würden wir uns in den Dünen verkrochen haben, von hinten zu der vom hellen Lichtschein der Flammen wachgeschreckten Menschengruppe stoßen und mit ihr zum Strand rennen. Es war perfekt geplant.

Dennoch saß mir die Angst im Nacken. Den ganzen Tag über war ich unruhig und nervös und fühlte mich höchst unwohl in Gegenwart meiner Mutter und Schwestern. Unser Haus war jetzt solch eine Friedensoase, ja, ein Tempel für diesen unbekannten Gott, wo jede Tat, jedes Wort in seinem Namen ausgeführt und gesprochen wurde. Ich paßte nicht dazu. Obwohl mir keine von ihnen Vorwürfe machte — ich wurde im Gegenteil geliebt und verwöhnt —, war ich durch meine finsteren, zornigen Gedanken ein Fremder und Ausgestoßener unter ihnen, und ich wußte, daß ich ihren Frieden oft durch meine Verdrießlichkeit und launischen Reaktionen verdarb. Draußen jedoch war ich glücklich, besonders bei stürmischem Wetter.

Doch schließlich wurde es Abend. Es war kalt, klar und windig, und ich zog mir meinen Mantel an, als ich das Haus verließ. Es war ein galiläischer Mantel, aus einem Stück gewebt und ohne Naht. Benjamin war aus ihm herausgewachsen, und mein Onkel hatte ihn mir geschenkt. Die Leute in Tyrus bewunderten ihn, und ich war stolz darauf und trug ihn überall. Ich ging durch die verlassenen Dünen, während die feuerroten Sturmwolken über dem Meer zu Grau verblichen, der Wind den Strandhafer waagerecht beugte und mir den Sand in die Augen trieb. Ich war froh, als ich den ausgemachten Unterschlupf erreichte und mich dort hineinducken konnte. Jabin erwartete mich schon, fröhlich und zuversichtlich. Er schien keinerlei Befürchtungen zu hegen, daß unser Plan vielleicht danebengehen könnte.

Wir warteten, wie mir schien, endlos lange. Trotz des Unterschlupfs war ich froh über meinen dicken Mantel. Jabin hatte nur einen leichten, zerrissenen Umhang über die Schultern geworfen, und er sah meine Bekleidung mißbilligend an.

»Wieso hast du dir bloß dieses große, schwere Ding umgeworfen?« flüsterte er. »Du kannst in dem Mantel nicht rennen, und er ist zu schwer, um ihn um die Taille zu binden. Du kannst ihn aber auch nicht hierlassen. Wir müssen vielleicht einen anderen Rückweg einschlagen, und wenn ihn jemand findet, wird er ihn sofort als deinen erkennen.«

»Ich werde die Ärmel um meinen Hals binden«, flüsterte ich. »Keine Bange.«

Die Stunden schlichen dahin. Die schmale Mondsichel ging über den Dünen auf, und der Himmel war übersät mit leuchtenden Sternen, die aber die schwarze Nacht nicht erhellen konnten. Der Wind fuhr heulend über uns hinweg, die Wellen brachen sich auf dem Kies und riefen beim Zurückweichen ein Steingerassel hervor. Je kälter es wurde, desto ängstlicher wurde ich und desto fröhlicher Jabin.

»Beste Voraussetzungen!« murmelte er ein- oder zweimal, als

er sich erhob und über die Düne spähte. »Wir können bald losgehen, dunkler und lauter kann es nicht mehr werden!«

Ich war schon halb eingeschlummert, als er mir einen kräftigen Stoß versetzte. »Auf! Los geht's!« flüsterte er.

Geduckt schlichen wir uns zu der Stelle, wo wir die Munition versteckt hatten. Das Pech wog schwer, und wir mußten zweimal zurückgehen. Wir stapelten es zusammen mit dem Brennholz unter dem Bootsheck auf und überschütteten es mit Schwefel. Trotz der Kälte schwitzte ich sehr dabei, zog meinen Mantel aus und warf ihn auf den Sand, damit er nicht etwa Feuer fing.

»Reib jetzt die Feuersteine, während ich die Öllampe halte!« flüsterte Jabin. »Sobald die Flamme brennt und an Ort und Stelle ist, lauf, was du kannst!«

Wir mußten es mehrmals versuchen, denn der Wind blies die Flamme immer wieder aus, doch schließlich brannte sie beständig. Jabin stellte die Lampe in den Holzstoß und schüttete eine Flasche Öl um sie herum. Sofort begann es zu knistern und zu spucken, und wir nahmen die Beine unter den Arm. Doch sah es so aus, als könnten wir nirgendwo Deckung finden, denn schon nach wenigen Augenblicken züngelten die Flammen hoch über das Boot hinaus und beleuchteten die ganze Gegend. In diesem schrecklichen, bloßstellenden Licht würde man uns sicher bei unserer Flucht zu den Dünen erkennen, dachte ich voller Angst. Wie ein in die Enge getriebener Fuchs schien ich im Kreis zu rennen und wild nach einem Platz in der Erde oder im Meer zu suchen, wo ich mich verstecken könnte.

»Geradeaus am Strand entlang!« keuchte Jabin, »und dann zwischen den Bäumen dort hinten hinauf! Schnell!«

Ich stolperte den Strand hinunter, stieß meine Zehen an Steine und rutschte auf dem nassen Kies aus, bis ich am Rande des hellen Scheins anlangte und dankbar in die tiefe Dunkelheit der Tamarisken eintauchte.

Hier war ich unsichtbar. Doch als ich einen Blick zurückwarf, sah ich, wie Lichter am Dorfeingang angingen, und schwaches Rufen drang zu uns herüber. Hier konnten wir nicht bleiben. Wir zogen uns an den Zweigen zur Düne hinauf und ließen uns auf der anderen Seite hinunterfallen. Hier legten wir eine kurze Atempause ein. Selbst bis hierher warf das brennende Boot einen schwachen Lichtschein. Jabin starrte mich unverwandt an.

»Was hast du mit deinem Mantel gemacht?« fragte er mich scharf.

Mein Herzschlag setzte aus, als es mir einfiel. Mir war plötzlich schwindelig, und ich fühlte mich so schwach, daß ich keine Antwort herausbringen konnte.

»Hast du ihn unten beim Boot gelassen?«

Ich nickte.

»Dann wird man mich nicht länger in deiner Nähe sehen.« Er sprang auf den Rücken der nächsten kleinen Düne und wandte sich noch einmal kurz um: »Wenn du Glück hast, wird er verbrennen«, sagte er. »Aber ich gehe kein Risiko ein.«

Fort war er, und ich blieb, steif vor Entsetzen, in der Mulde zwischen zwei Dünen sitzen. Wenn sie meinen Mantel fanden, würde irgend jemand wissen, daß er mir gehörte, und Hiram würde das Gesetz in seiner ganzen Härte bei mir anwenden lassen. Die Strafen in Tyrus waren grausam. Schon viele waren unter den Peitschenhieben gestorben.

Ich sprang auf die Füße. Mir war gleichzeitig brennend heiß und eiskalt, und ich wußte nur eins: Ich mußte verschwinden. Nach Hause konnte ich nicht zurückkehren. Wenn sie meinen Mantel gefunden hatten, würden sie bald an unsere Haustür trommeln und verlangen, daß man mich herausbrachte. Die große Wahrscheinlichkeit, daß er von dem enormen Feuer verbrannt wurde, beruhigte mich keineswegs. Wie Jabin, so wollte auch ich kein Risiko eingehen.

Von meiner Angst beflügelt, rannte ich schnell zum Damm, der aufs Festland führte. Jeder würde sich jetzt am Strand eingefunden haben, und die Besatzungssoldaten waren höchstwahrscheinlich betrunken oder schliefen. Vor Tagesanbruch würde wegen eines brennenden Fischerbootes sowieso nichts unternommen werden, und bis dahin würde ich schon über alle Berge sein, denn es war kurz nach Mitternacht, und ich hatte noch viele Stunden bis Sonnenaufgang Zeit. Dann würde ich schon über die Grenze, in den wilden Bergen Galiläas sein, wo die Wölfe und Wildschweine in den Winternächten jagten. Ich erschauerte, rannte aber ohne Unterlaß weiter. Die Gefahren, die vor mir lagen, erschienen mir weniger bedrohlich als die, die ich hinter mir ließ.

Als ich die Küstenstraße erreichte, war ich ziemlich außer Atem geraten. Ich ruhte mich ein paar Minuten aus, dann setzte ich meine Flucht in leichtem Trab fort. Allmählich kehrte wieder Ordnung in meine Gedanken ein, und ich erinnerte mich daran, wie ich, fast noch ein Kind, an einem herrlichen Frühlingsmorgen zornig und niedergeschlagen dieselbe Straße entlanggegangen war, in eine fremde Welt hinaus. Seit dieser letzten Reise schien ich um Jahre älter geworden zu sein, und ich hatte die Welt, die vor mir lag, kennengelernt. Ab und zu blieb ich stehen und blickte lauschend zurück, aber es blieb alles still — kein Rufen, kein Stiefelgetrampel. Der Wind nahm ab, als ich in den Schutz der Berge kam. Ich ging langsamer voran, da die Straße jetzt anstieg. Doch nun war ich nicht mehr so furchtsam, denn es lagen immer noch einige Nachtstunden vor mir. Bei Sonnenaufgang wollte ich mir ein Versteck zwischen Felsen und Büschen suchen und mich schlafen legen.

Ich stieg erschöpft weiter, als ich merkte, daß es sich um mich her zu regen begann. Von einem Bauernhof her krähte plötzlich lauthals ein Hahn, worauf ihm andere Hähne antworteten. Ein Fuchs, der nach Hause schlich, bellte ganz in der Nähe, und ich sah auf und erkannte die schwarzen Umrisse der Berge vor dem grauen Himmel. Ich sah zurück — der schneebedeckte Gebirgszug des Libanon schimmerte blauviolett. Der neue Tag brach an.

Mir war sehr kalt ohne meinen Mantel, und ich sandte ein Stoßgebet zum Götterhimmel, doch einen warmen, sonnigen Tag zu schicken. Mein Gebet wurde anscheinend erhört, denn der Himmel färbte sich perlgrau und rosa, und im Westen sah ich den glänzenden Streifen des Mittelmeers. Die Strecke war mir bekannt, doch ich war älter und kräftiger als beim ersten Mal. Wenn ich Glück hatte, würde ich etwas schlafen können, bevor es bergab nach Kafarnaum ging. Die letzte Etappe des Weges würde warm sein, obwohl erst Frühlingsanfang war. Ich wollte in dem verlassenen Boot am Ufer des Sees die Nacht verbringen und mich am nächsten Morgen meinem Onkel präsentieren. Wenn ich erst einmal sicher angekommen war, mußte ich nicht befürchten, verhaftet zu werden, denn weder meine Mutter noch meine Schwestern würden verraten, wohin ich aller Wahrscheinlichkeit nach geflüchtet war.

Meine Mutter und meine Schwestern! Meine Kehle war wie zugeschnürt; ich spürte, daß ich mich jetzt für immer von ihnen getrennt hatte, und dieser Prophet war schuld daran; er stand zwischen uns. Ich haßte ihn beinahe. Ich erinnerte mich an die Worte des Jungen aus diesem Dorf, an dem ich gerade vorbeiging: »Er legte viel Wert darauf, daß man die Wahrheit sagt, andere liebt und ihnen vergibt ... das nannte er Königreich Gottes.« Und ich wußte, daß weder er noch seine Nachfolger jemals dieses Boot in Brand gesteckt und sich aus dem Staub gemacht hätten ... Ich fühlte mich schrecklich einsam, niedergeschlagen, ausgeschlossen, wie einer, der die Pforte des Königreichs erblickt hat, aber daran vorbeigeht. Ich betrachtete den großartigen Sonnenaufgang über den Bergen und stellte fest, daß sich das Licht schillernd in den Farben des Regenbogens in meinen Tränen brach.

15. Kapitel

Ich belog meinen Onkel. Ich sagte ihm, ich sei zurückgekommen, weil ich in Tyrus keine Arbeit finden könne, und er nahm mich ohne weitere Umstände bei sich auf. Meine Tante brummte zwar etwas von einem weiteren Mund, der nun gestopft werden müßte, und dazu noch ein großer! Aber ich war gerade zum richtigen Zeitpunkt eingetroffen, denn bald würde die Fischsaison ihren Höhepunkt erreichen. Das Geschäft meines Onkels lief gut. Die Fässer waren randvoll mit getrockneten, gesalzenen Fischen.

»Wenn die Frühjahrsernte vorüber ist«, erklärte mir Benjamin, »wird mein Vater einige Esel oder Kamele mieten und die Fische rechtzeitig zum Pfingstfest nach Jerusalem hinaufbringen. Ich muß hierbleiben und nach dem Geschäft sehen, aber er wird dich vielleicht mitnehmen, Philo. Joel wird auf jeden Fall mitgehen.«

Im großen und ganzen gefiel es mir, wieder in Kafarnaum zu sein. Die Tage vergingen schnell, und jetzt war die schönste Jahreszeit. Alle Hügel Galiläas waren bedeckt mit einem Teppich von Feldblumen: wilde Alpenveilchen, scharlachfarbene Anemonen, Zwergtulpen und Ringelblumen, während am blauen Himmel die großen, weißen Kranichzüge nach Norden flogen. Das jüdische Passafest näherte sich, und die Frauen waren mit gründlichem Hausputz und großer Wäsche beschäftigt. Ich fragte mich, was all diese übertriebene Geschäftigkeit bedeuten sollte, bis es mir eines Abends Benjamin erklärte. Wir saßen am Ufer und ließen Steine übers Wasser springen, während er mir die seltsame jüdische Geschichte erzählte, wie sie von den Vorfahren überliefert worden war: Von der Sklaverei in Ägypten, den Plagen, die übers Land kamen, weil der Pharao die Juden nicht freilassen wollte, und von der letzten schrecklichen Nacht, als der Todesengel kam und nur die Häuser verschonte, wo die Türpfosten und der obere Türbalken mit dem Blut eines Lammes bestrichen waren. Das war die Nacht der Befreiung der Juden, die Nacht der Geburt eines Volkes.

»Wir schlachten jetzt kein Lamm mehr«, erklärte Benjamin,

»außer in Jerusalem. Aber wir erinnern uns jedes Jahr daran. Es mußte ein ganz besonderes Lamm sein, männlich, einjährig und ohne Fehler.«

»Warum?« fragte ich. »Das Blut wäre doch dasselbe gewesen, egal, wie das Lamm aussah.«

Er sah mich schockiert an. »Das Lamm mußte aber fehlerfrei und kerngesund sein«, antwortete er hastig. »Du begreifst das einfach nicht, Philo. Hast du denn schon vergessen, was ich eben erzählte? Entweder das Lamm — oder ich!«

»Was soll denn das heißen: Das Lamm oder du?«

»Ich hab's dir doch eben erzählt. Als der Todesengel vorüberging, hieß es das Lamm oder der erstgeborene Sohn. Ich bin der Erstgeborene, und wenn ich zur Zeit der Sklaverei gelebt hätte, wäre das Lamm an meiner Stelle gestorben.«

Ich sagte nichts weiter, denn ich spürte, daß ich ein tiefsitzendes religiöses Empfinden verletzt hatte. Ich hatte nicht geahnt, was es Benjamin bedeutete, ein Jude zu sein. Ich nahm mir vor, ihm in Zukunft einfühlsamer zu begegnen, denn ich hatte meinen Cousin sehr ins Herz geschlossen.

Ich hatte ihm anfänglich nichts von dem wahren Grund, weshalb ich wieder in Galiläa war, verraten, aber als wir eines Tages am Ufer saßen, marschierte eine Truppe Soldaten vorbei, und ich duckte mich instinktiv hinter ein Boot.

Benjamin lachte. »Was ist denn mit dir los, Philo?« fragte er. »Man könnte meinen, du hättest was angestellt. Jedesmal wenn du einen Soldaten oder sonst einen Beamten siehst, kriegst du weiche Knie. Was soll das bedeuten?«

»Schwöre, das du deinem Vater nichts verrätst!«

»Ich schwöre bei Jerusalem!«

So erzählte ich Benjamin die ganze Geschichte, und er hörte ernst zu. »Sie werden dich hier nie suchen!« sagte er, als ich fertig war. »Du sagst doch, daß keiner außer deiner Mutter und deinen Schwestern weiß, wo du steckst. Die halbe Welt kommt durch Kafarnaum. Wer macht sich da schon die Mühe, einen geflohenen Jungen aufzuspüren?« Dann fügte er recht überraschend hinzu: »Warst du glücklicher, nachdem du das Boot angezündet hattest?«

»Selbstverständlich!« antwortete ich rasch. »Es war das Beste, was ich je gemacht hab'. Der gemeine Hund! Wärst du nicht froh gewesen an meiner Stelle?«

Benjamin sah auf den See hinaus. In seinen Augen lag ein träumerischer Ausdruck, und er antwortete nicht sofort. »Ja, ich denke schon«, sagte er dann. »Aber ich bin nicht ganz sicher. Dieser Prophet hat uns immer wieder gesagt, daß man erst richtig glücklich ist, wenn man vergibt und Frieden stiftet. Manchmal frage ich mich, ob er nicht doch recht hat.«

Ich wollte schon eine beißende Bemerkung machen, biß mir aber rechtzeitig auf die Lippe. Schließlich hatte der Prophet unsere ganze Familie verändert und Illyrika geheilt. Ich war ihm zu Dank verpflichtet. Deshalb sagte ich nur: »Reden die Leute denn noch von ihm? Letztes Jahr war er das Gesprächsthema Nummer eins, aber dieses Jahr hat ihn bis jetzt noch keiner erwähnt.«

»Das liegt daran, daß du immer noch ein Fremdling bist«, entgegnete Benjamin. »Deshalb bekommst du nicht alles mit, worüber sich die Leute so unterhalten. Er ging letzten Herbst nach Süden zum Laubhüttenfest, und alle, die von Judäa herunterkommen, bringen uns Neuigkeiten über ihn. Er war mehrmals in Jerusalem, andere haben ihn im Osten, jenseits des Jordan, gesehen, und wieder andere sagen, er wohnt in Betanien. Manche erzählen wunderbare Geschichten von ihm, aber keiner erwähnt ihn in aller Öffentlichkeit. Die Pharisäer und Gesetzesgelehrten hassen ihn. Es wird sogar behauptet, daß sie in Jerusalem planen, ihn gefangenzunehmen.«

»Das werden sie nicht schaffen«, platzte ich unüberlegt heraus, »wenn er die Kranken heilen und Dämonen austreiben kann und selbst — obwohl ich das nicht glaube — einem Sturm gebietet und die Toten auferwecken kann, dann ist er sicherlich auch stärker als eine Handvoll Priester. Er würde es nie zulassen, daß sie ihm ein Haar krümmen.«

»Nein«, stimmte Benjamin zu. »Ich bin überzeugt, daß man sich keine Sorgen um ihn zu machen braucht. Was beabsichtigt er eigentlich? Was, wo, wann ist dieses Königreich, von dem er ständig sprach? Ich kann mir nicht vorstellen, daß das alles sein soll, aber als wir ihn damals zum König ausrufen wollten, ging er fort in die Berge. Er hat seine große Chance verpaßt.«

Ich sagte nichts dazu. Ich wollte nicht von dem Propheten sprechen, denn seine Lehre und sein Lebensstil waren nichts für mich. Ich hatte meine Rache gehabt, und natürlich war ich froh darüber. Aber wenn meine Familie oder Benjamin von ihm sprachen, überkam mich dieses seltsame Gefühl, das mich zum ersten Mal bei meiner Flucht über die Berge überwältigt hatte — ich saß in einem Gefängnis, und mein Blick fiel auf eine offene Tür, die zum Leben, in die Freude und Freiheit führte. Aber ich wandte mich von dieser Tür ab, weil ich mich fürchtete, durch sie hindurchzugehen. Denn ich war nicht bereit, den Eintrittspreis zu zahlen. Es war einfacher, im Gefängnis zu bleiben.

Ich war teils fasziniert, teils abgestoßen von dem feierlichen Ritual der Passafeier. Mein Onkel wollte, daß ich am Fest teilnahm, denn die heiligen jüdischen Schriften erlaubten dem Fremdling, am Mahl teilzunehmen. Doch Rabbi Nahum, Benjamins Großvater, der zum Passafest eingeladen war und das Mahl segnen sollte, bestand darauf, daß dies nur für solche Heiden galt, die zur jüdischen Religion übergetreten waren, und ich hätte keinerlei Anstalten in dieser Hinsicht unternommen. Die Debatte war so heftig, daß ich beschloß, das Problem selbst zu lösen, indem ich am Festabend verschwand. Ich hatte nicht die geringste Lust, unter Rabbi Nahums heiligem, mißbilligendem Blick zu sitzen. Dieses Jahr war er sowieso schlecht gelaunt, weil er zum ersten Mal seit seinem zwölften Lebensjahr nicht am Passafest in Jerusalem teilnahm. Es fiel ihm schwer, die Tatsache anzunehmen, daß er nun zu alt und kränklich für diese anstrengende Reise war.

Am frühen Nachmittag schlüpfte ich aus dem Haus und ging im warmen Sonnenschein am See entlang. Es war still, abgesehen vom Planschen der Wasserschildkröten und dem Gesang und Zwitschern der Vögel. Ich wanderte nach Süden, bis ich am Fuß des Arbel stand und recht furchtsam zu den Höhlen im Tal der Räuber hinaufsah, die seit eh und je der Aufenthaltsort von Dieben und Mördern waren. Keiner hatte sich in das Tal hineingewagt, bis der König eines Tages Legionen von Soldaten von den Felsen oberhalb der Höhlen heruntergelassen und die Mörder in die Enge getrieben hatte. Ich fühlte mich hier nicht wohl, und außerdem war es bald Abend.

Ich setzte mich ans blumenübersäte Ufer am südlichen Ende des Sees und ließ die Füße ins Wasser hängen. Die Sonne war hinter den Bergen verschwunden, und die Wasseroberfläche lag glatt und grau vor mir. Sobald die Dämmerung hereinbrach, würden sich alle Familien hinter ihren geschlossenen Türen versammeln. Sie würden sich an den Tod des Lammes und das Blut an den Türpfosten erinnern, das Leben ihrer Erstgeborenen und die Geburtsstunde ihres Volkes feiern.

Ich war froh, das alles nicht mitmachen zu müssen, und fühlte mich gleichzeitig sehr einsam. Meine Gedanken schweiften zurück zu dieser alten Erzählung, und ich erschauerte, als ich an den Todesengel dachte, der vor den geschlossenen Türen in Ägypten stand und darauf wartete, die Erstgeburt zu töten. Doch bei den Juden war schon getötet und Blut an der Tür angebracht worden. Deshalb verschonte sie das dunkle Schreckgespenst und ging vorüber. Vielleicht hatten dann die zitternden Mütter ihren ältesten Sohn in die Arme genommen und vor Erleichterung geweint, weil er gerettet war. Ja, ich erkannte plötzlich, daß es ein ganz besonderes Lamm sein mußte, das solch einen Preis zahlte.

Ich saß lange dort, denn in jener Nacht herrschte eine ungewöhnliche Atmosphäre. Die Gipfel im Osten verschwammen im Grau, und ich wanderte schweren Herzens am immer dunkler werdenden See entlang nach Kafarnaum zurück. Es war mir egal, zu welcher Zeit ich ankam, denn ich war ja von ihrem Fest ausgeschlossen. Ich kam mir ausgestoßen und abgelehnt vor und hatte schreckliches Heimweh. Mit der Dunkelheit überkamen mich alte, qualvolle Erinnerungen: Ich hörte die Stimme meines Vaters, bevor er von der letzen Woge verschlungen wurde, sah meine gepeinigte, besessene Schwester, Hirams gierigen, tückischen Gesichtsausdruck, das greifbare Böse in Gestalt der Geisterbeschwörerin, die meine Mutter zum Zahlen zwang — und dann dachte ich an das Lämmchen, das getötet werden mußte. Warum mußten immer die Unschuldigen leiden? Plötzlich war ich mir all der Furcht, des Leides, der Sünde und der Ablehnung auf der Welt bewußt, und ich hätte am liebsten laut geschrien.

Ich unterließ es jedoch, denn plötzlich kam der Vollmond hinter einer Wolke zum Vorschein, und ich sah zu einem sternenklaren Himmel empor. Da wurden andere Erinnerungen in mir wach: der Friede in Illyrikas Augen, die stille Freude meiner Mutter, das Lachen des Mannes am anderen Seeufer, der von der Herrschaft des Bösen befreit worden war; Astartes Gesichtsausdruck, als sie zu ihrem Vater hochsah, und wußte, daß die Dunkelheit vorbei war. Da wußte ich mit einemmal, daß es eine Antwort auf all das Leid gab, eine Macht und eine Freude, die stärker als die Macht des Bösen waren.

Seine Füße waren oft die Straße entlanggegangen, die ich jetzt ging. Ich konnte mir gut vorstellen, wie er über den See ging. Wenn er der Sieger über den Tod, die Krankheit und Dämonen war, wieso sollte er da nicht ebenfalls dem Sturm gebieten können?

»Nur noch fünfzig Tage«, dachte ich. »Dann wird mich Onkel Adoram vielleicht nach Jerusalem mitnehmen. Und ... vielleicht ... vielleicht werde ich ihn dann sehen.«

Aber wollte ich ihn wirklich sehen, und was für Folgen würde das dann haben? Darüber war ich mir noch nicht im klaren. Ich fing an zu glauben, daß er der König und Eroberer war, aber ob er auch mein Eroberer war, war eine andere Sache.

16. Kapitel

Ich hatte keine Eile. In den frühen Morgenstunden kam ich im Haus meines Onkels an, schlich die Stufen zum Dach hinauf, warf mich auf meine Matratze unter dem kleinen Schutzdach aus Binsen und schlief auf der Stelle ein. Als ich erwachte, stand die Sonne hoch am Himmel. Ich rannte hinunter, wusch mich an der Quelle im Garten und stürzte ins Haus, denn ich war hungrig nach meiner langen Wanderung in der vergangenen Nacht.

Benjamin war mit seinem Vater fort, aber Joel, Tante Ester und die Mädchen waren noch beim Frühstück. Die Schwester meiner Tante war für ein paar Tage von Jerusalem gekommen, um mit ihren Eltern das Passamahl zu feiern. Sie und Tante Ester waren so sehr im Gespräch vertieft, daß sie anscheinend gar nicht merkten, als ich hereinkam.

Der Tisch war reichlich gedeckt, und während alle Augen an der Tante aus Jerusalem hingen, die gerade dabei war, eine Geschichte zu erzählen, versorgte ich mich mit ungesäuerten Brotfladen, gesalzenem Fisch, getrockneten Feigen und Oliven und goß mir eine Schale Buttermilch ein — immer noch fiel keinem meine Anwesenheit auf.

»Vier Tage im Grab!« sagte unser Gast leise. »Und es ist wahr, eine Menge Leute haben es mit eigenen Augen gesehen!«

Ich spitzte die Ohren, während ich kaute. Das klang interessant. Wer hatte wohl vier Tage im Grab gelegen, und was hatten die Leute gesehen? Meine Tante war außer sich. Mit weit aufgerissenen Augen preßte sie ihre Hände zusammen und entgegnete wütend: »Ich glaube es einfach nicht! Ich kann es nicht glauben!«

»Nein?« gab ihre Schwester zurück. »Nun, ich glaub's aber. Du scheinst zu vergessen, daß ich mit einem Priester verheiratet bin, und die müssen ja Bescheid wissen. Tatsache ist, daß Kajaphas deshalb sogar eine außerordentliche Sitzung des Hohen Rates einberufen hat, und mein Mann sagte mir...«

»Aber vier Tage!« unterbrach sie meine ältere Cousine. »In

dieser Zeit hat die Verwesung eingesetzt. Es ist unmöglich!«

»Das meinte auch seine Schwester Marta«, antwortete ihre Tante eifrig. »Aber ihn schien das nicht zu kümmern. Er befahl einfach, den Stein fortzurollen, und rief laut: 'Lazarus, komm heraus!', und der Tote erschien, mit Binden umwickelt, das Gesicht vom Leichentuch verhüllt. Einige fielen in Ohnmacht, aber die beiden Schwestern rannten auf ihn zu. 'Nehmt ihm das Tuch ab, damit er weggehen kann!' sagte Jesus, und dann stand Lazarus vor ihnen: lebendig und stark.«

Da wußte ich, von wem sie sprachen.

»Aber du hast das nicht selbst gesehen, nicht wahr?« flüsterte das jüngere Mädchen mit bleichem Gesicht.

»Nein, ich war nicht dabei. Betanien liegt im Osten der Stadt. Ich habe jedoch viele Leute getroffen, die dabei waren, und alle erzählten dieselbe Geschichte. Hunderte sagten, daß er der Befreier, der Messias ist, auf den wir warten. Doch wenn heute ein König aus unserem Volk aufstehen würde, würden die Römer Jerusalem zerstören. Außerdem möchte keiner eine Wiederholung dessen haben, was wir unter Herodes Archelaus erlebten. Kajaphas meint, daß es besser ist, wenn er stirbt, als wenn das ganze Volk vernichtet wird. Ich fürchte, die meisten Priester und Gesetzeslehrer pflichten ihm bei.«

»Aber wenn er Menschen vom Tod erwecken kann, wie sollen sie ihn dann töten? Dann muß er doch stärker als der Tod sein?«

Ich hatte gar nicht vorgehabt, mich in das Gespräch einzumischen. Ich wollte nur dabeistehen, aber die Worte waren ohne mein Dazutun tief aus meinem Herzen hervorgequollen, und ich war genauso überrascht wie alle anderen. Allerdings war ich nicht auf den Wutausbruch vorbereitet, der daraufhin folgte: Meine Tante sprang halb auf und holte mit dem Arm aus, als wollte sie mich schlagen.

»Was willst ausgerechnet du davon wissen!« schrie sie und ballte ihre Fäuste. »Du! Ein heidnischer Hund, der sich in unser Haus geschlichen hat und mir und damit meinem Vater zu widersprechen wagt! Dieser Mann ist ein Schwindler, sage ich, ein gemeiner Betrüger, der in Verbindung mit dem Teufel steht! Raus mit dir! Verschwinde, und verunreinige nicht unser Fest!«

Mich überfiel große Furcht, aber ich ließ mir nichts anmerken. Außerdem hatte Joel ihren erhobenen Arm gepackt und versuchte, sie zu beruhigen. Langsam erhob ich mich, nahm noch einige Früchte und Passabrot mit und ging zur Tür. Doch bevor ich den Raum verließ, wandte ich mich um, sah direkt in ihr hochrotes, verzerrtes Gesicht und sagte laut und deutlich: »Das versteh' ich nicht! Er soll gemeinsame Sache mit dem Teufel machen, treibt aber unterdessen Teufel aus. Führt der Teufel denn Krieg gegen sich selbst? Denk mal darüber nach, Tante Ester!«

Hocherhobenen Hauptes ging ich die Straße hinunter. Als ich am Ufer angelangt war, fühlte ich mich dennoch elend. Schließlich brauchte ich Verpflegung und ein Dach über dem Kopf, und Tante Ester würde mich wahrscheinlich von der Türschwelle jagen. Ich hoffte jedoch, daß sich mein Onkel für mich einsetzen würde, wenn ich mich ein paar Stunden lang nicht blicken ließ.

In der Luft lag eine Feststimmung, denn in der Passanacht war niemand zum Fischen hinausgefahren, und auch heute, am Vorabend des Sabbat, würden die Boote am Ufer liegenbleiben. Ich wußte, daß ich nicht gebraucht wurde und verspürte plötzlich das große Verlangen, zu der Stelle zurückzukehren, wo ich vor fast einem Jahr mit Benjamin gesessen hatte. Da hatte er mir den Ort gezeigt, wo die große Menschenmenge durch ein Wunder satt geworden war, und von dem Sturm auf dem See erzählt. An jenem sonnigen Morgen hatte ich kein Wort davon geglaubt, aber in der Zwischenzeit war so viel passiert ... Ich löste den Kahn und legte mich in die Ruder. Ich fuhr zu der Stelle jenseits der Jordanmündung, wo das Wasser milchig grün war und eine üppige Vegetation herrschte. Kurz vor Mittag legte ich an und stieg ans Ufer. Ich war in der Nähe eines Dorfes gelandet. Der Jordan, der durch die Schneeschmelze auf dem Hermon angeschwollen war, hatte mich nach Süden getrieben. Am Ufer spielten ein paar Kinder. Zwei ließen Steine übers Wasser hüpfen, das dritte war ein wenig landeinwärts gegangen und pflückte Mohnblumen.

Ich war nur ein kleines Stück gegangen, als sich eine eigenartige Veränderung um mich her abspielte. Eine dicke Wolke war aufgezogen und verdeckte die Sonne. Das Wasser, das eben noch himmelblau leuchtete, war plötzlich grau, und alle Farbe war aus den Blumen gewichen. Ich sah mich erschrocken um. Undeutlich erkannte ich, wie zwei der Kinder zum Dorf rannten.

Die Wolke wurde dunkler und dunkler, und einen Augenblick später konnte ich überhaupt nichts mehr sehen. Die Dunkelheit legte sich wie eine erdrückende Decke über alles. Da stand ich nun ganz allein in der schwarzen, bedrängenden Stille. Ich verlor völlig die Orientierung, nur das unruhige Plätschern des Wassers sagte mir, daß der See links von mir lag.

Ich wagte es nicht, mich zu rühren. Als ich mich auf die Erde setzte, hörte ich plötzlich nicht weit von mir entfernt erschrockene Hilferufe. Sie mußten von dem dritten Kind kommen. Es schien sich mir zu nähern. Wenn es zu schnell rannte, konnte es ins Wasser fallen, und außerdem war in dieser Situation die Gesellschaft eines kleinen Kindes besser als nichts. Ich stand auf, rief so laut ich konnte und schritt langsam in die Richtung, woher das Schluchzen kam. Als das Kind merkte, daß jemand nach ihm suchte, weinte es nicht mehr so heftig.

»Wo bist du?« rief es. »Komm schnell, ich bin hier!«

»Bleib stehen!« rief ich zurück. »Rühr dich nicht vom Fleck, und rede immer weiter! Ich komme, so schnell ich kann.«

Es dauerte eine ganze Weile, bis ich es in dieser undurchdringlichen, pechschwarzen Dunkelheit, die beinahe greifbar war, gefunden hatte. Ich setzte mich hin und nahm es auf den Schoß, froh über die Wärme des stämmigen kleinen Körpers, der sich verzweifelt an mich drückte. Der kleine Junge war völlig verängstigt und redete am Anfang unaufhörlich.

»Es ist ganz schnell Nacht geworden«, plapperte er, »und die Sonne hat doch vorhin so heiß gebrannt. Dani und Hanna sind weggerannt und haben mich allein gelassen. Warum kommt mein Papa mich nicht suchen? Wann wird es wieder hell sein? Es ist eine komische Nacht, weil gar kein Mond scheint und keine Sterne. Es ist ganz schnell dunkel geworden. Wann kommt Papa endlich? Bist du ein Mann oder ein Junge?«

»Ich bin nur ein Junge«, antwortete ich, »und ich bin sicher, dein Papa sucht dich, aber er weiß ja nicht, wo er in dieser Dunkelheit hingehen soll.«

»Aber du, Junge, die Sonne hat so hell geschienen, wieso ist es jetzt so schnell Nacht geworden?«

»Ich weiß es nicht.«

»Du, Junge, wird die Sonne bald wieder scheinen?«

»Ich weiß es nicht. Es war ja erst Mittag.«

»Dann muß es heiß sein, aber ich friere. Wann wird es wieder hell? Warum ist es denn so dunkel?«

»Ich weiß es nicht.«

Eine Zeitlang lag das Kind still in meinen Armen, erschöpft von seinem eigenen Geplapper. Dann begann es leise zu weinen, und ich versuchte, es abzulenken.

»Wohnst du in dem Dorf hier?«

»Ja, mit Mama und Papa und Daniel und Hanna. Sie sind weggerannt und haben mich alleingelassen. Warum kommt Papa mich nicht holen?«

»Er wird bald kommen. Sag mir, bist du auch zum Propheten Jesus gegangen, als er auf dem Berg hinter uns zu den vielen, vielen Menschen sprach?«

Bei der Erwähnung dieses Namens hörte der Kleine auf zu zittern, und sein steifer, schwerer Körper wurde leichter.

»Ja, wir sind auch hingegangen. Alle Leute. Meine Oma ist lahm gewesen, aber jetzt kann sie wieder gehen. Am Abend hat keiner heimgehen wollen. Alle sind still gewesen. Wir haben aber ein bißchen Hunger gehabt. Er hat gesagt: 'Setzt euch alle hin!', und dann gab es ein Picknick!«

»Erzähl mir doch von dem Picknick!«

Da begann der Kleine zu erzählen, und dabei vergaß er die Dunkelheit und seine Angst. Er war ganz nahe an Jesus herangekrochen, und der Mann, der eine Kraft besitzt, die stärker als der Tod und die Dämonen ist, hatte zu ihm herabgelächelt. Anscheinend hatten sich alle Kinder um ihn herum versammelt. Die Stimme des kleinen Jungen klang ganz verträumt, als er von den Ereignissen dieses ungewöhnlichen Tages berichtete.

»Weißt du, er hat kleine Kinder arg lieb.« Der Junge lehnte sich still an mich, als sei er durch diese Erinnerung an Liebe und Geborgenheit getröstet. »Er hat alle lieb ... alle Menschen ... haben sich gefreut.«

Seine Stimme verlor sich, während er einschlief. Ich saß lange regungslos und nachdenklich da. Dann sah ich auf den Jungen in meinem Schoß und betrachtete sein verschmutztes, friedliches kleines Gesicht. Ich sah schnell auf: Einen Augenblick lang waren die Blütenblätter und das Wasser grau. Dann stürzte sich das Licht auf uns herab, nicht kühl und allmählich wie beim Sonnenaufgang, sondern mit einem Schlag. In seiner ganzen Herrlichkeit vertrieb es die Dunkelheit, wie ein Sieger den

Feind in die Flucht schlägt. Ich verbarg mein Gesicht im Haar des Kindes, weil ich so geblendet war. Gleich darauf hörte ich einen Mann gepreßt und verzweifelt rufen. Er kam am Ufer entlanggerannt. Da stand ich auf, ging ihm entgegen und legte ihm das Kind in die Arme.

Seine Erleichterung war so groß, daß er mich zuerst kaum wahrnahm. Er hielt seinen kleinen Sohn fest an sich gedrückt und weinte vor Freude, ohne sich zu schämen. Er hatte anscheinend befürchtet, daß sein Kind im See ertrunken war. Als er sich wieder gefaßt hatte, erklärte er mir freundlich, daß die anderen Kinder sich nicht in der Dunkelheit zurechtgefunden hatten und eben erst zu Hause eingetroffen waren. Aus diesem Grund hatte er weiter südlich, in der falschen Gegend, nach ihnen gesucht.

Seine Kleidung verriet mir, daß er ein Rabbi war, aber er war ganz anders als die aufgeblasenen Rabbis von Kafarnaum. Er machte einen schlichten, freundlichen Eindruck auf mich, und ich wagte es, ihn zu fragen, was seiner Meinung nach die Ursache für diese plötzliche Dunkelheit sei.

Er zögerte, und ein eigenartiger Ausdruck erschien auf seinem Gesicht.

»Du bist kein Jude?« fragte er.

»Nein, ich bin ein Syro-Phönizier, aber mein Onkel ist mit einer Jüdin aus Kafarnaum verheiratet.»

»Wohnst du schon eine Zeitlang in Kafarnaum?«

»Nein, ich bin erst seit kurzem dort.«

Er schwieg, als wäge er seine Wort ab. »Du fragst nach dem Grund für diese Dunkelheit«, sagte er dann plötzlich. »Ich weiß nicht, ich kann es dir nicht sagen, es sei denn, die Voraussage des Propheten Joel ist eingetroffen.«

Er verstummte und begann auf und ab zu schreiten.

»Entschuldige, aber ich weiß kaum, was in euren heiligen Schriften steht«, erinnerte ich ihn. »Wie lautet denn seine Prophezeihung?«

Da sagte er mir mit bewegter Stimme den Abschnitt auf, während er auf die Berge hinter mir starrte, und sprach die letzten Worte sehr langsam und betont:

»'Die Sonne verfinstert sich, und der Mond wird blutrot. Aber jeder, der sich zu mir bekennt, wird errettet. Dann wird geschehen, was der Herr angekündigt hat. Auf dem Berg Zion in Jerusalem gibt es Rettung. Und auch alle, die der Herr herbeiruft, werden dem Untergang entrinnen.'*

Ich weiß aber nicht, mein Sohn, ob heute der große und schreckliche Tag des Herrn gekommen ist?«

Ich starrte ihn verständnislos an. Da fragte er mich abrupt: »Hast du in Kafarnaum je vom Propheten Jesus gehört?«

»Ja, oft«, entgegnete ich. »Letztes Jahr haben die Leute fast von nichts anderem gesprochen. Dieses Jahr hört man weniger. Sie behaupten, er sei nach Jerusalem gegangen, und die, die aus der Hauptstadt zu uns kommen, berichten, daß er immer noch Wunder vollbringt.«

Er nickte gedankenvoll. »Vielleicht wird er dort in der Hauptstadt sein Königreich gründen«, meinte er dann. »Hier hat er es abgelehnt. Wie gerne hätten wir ihn dort oben auf dem Berg zum König gekrönt! Aber er ging einfach davon, in die Felsen hinauf, und am nächsten Tag schon waren bei den Menschen wieder Zweifel aufgekommen, und manche hatten ihre Meinung geändert. Dennoch hat er so viel von dem erfüllt, was in den Schriften steht ... Wann hat es je einen gegeben, der die Augen der Blinden und die Ohren der Tauben öffnete? Durch wessen Berührung begannen die Lahmen wie flinke Hirsche zu springen und die Stummen plötzlich zu singen? Wenn er der Messias ist, dann wird er sein Königreich gründen, und der große und schreckliche Tag des Herrn ist da.«

Er schien mich vergessen zu haben, denn er ging, ohne sich zu verabschieden, in Richtung Dorf fort. Ich sah ihm nach, wie er das Kind in den Armen wiegte und ihm, den Bergen und dem See wie schlafwandlerisch ein Lied sang.

Ich stieg in das Boot, ruderte schnell davon und genoß die Wärme und Helligkeit des Nachmittags. Ich hatte das Gefühl, nie zuvor Licht gesehen zu haben. Ich fragte mich, wie lange die Dunkelheit gedauert hatte und wollte schnell zurück, um mit Benjamin darüber zu sprechen. Als ich ins Haus eilte, hatte ich die Meinungsverschiedenheit mit meiner Tante vergessen und sie anscheinend ebenfalls. Sie war bei den üblichen Vorbereitungen für den Sabbat. Ich bemerkte, wie ihre Hände zitterten und wie blaß sie war.

»Tante Ester!« rief ich. »Ist alles in Ordnung? Ich war ganz

*Joel 3,3-5

allein in dieser schrecklichen Finsternis! Wie lange hat sie eigentlich gedauert?«

Sie wandte sich um, und die nackte Furcht stand in ihren Augen. »Sie dauerte von zwölf bis drei Uhr«, flüsterte sie, »und man sagt, daß sie das Vorzeichen eines furchtbaren Unglücks ist, eines so schrecklichen Unglücks, daß die Sonne ihr Angesicht vor uns verdeckt hat.«

Ich antwortete nichts, war aber sehr nachdenklich. Bald würde die Sonne untergehen. Der See schimmerte rosafarben und silbern unter dem feuerroten Himmel. Die Finsternis war vorbei, und das Licht schien jetzt klarer als je zuvor. Sicherlich war das Unglück schon über uns hereingebrochen. Mich fröstelte, als Tante Ester die Lampe anzündete. Anstatt der friedvollen Ruhe des Sabbatabends herrschte nun eine beunruhigende, ängstigende Stimmung.

Die Ruhelosigkeit hielt an und mit ihr die seltsame Gewißheit, daß etwas geschehen war. Die Frauen verweilten beim Brunnen, und die Männer redeten leise an den Straßenecken miteinander oder versammelten sich bei den Booten. Fünf Tage waren seit dem Sabbat vergangen, als wir die Neuigkeit von den aus Jerusalem zurückgekehrten Pilgern erfuhren. Sie ritten nicht wie fröhliche Pilger, die Feierlichkeiten hinter sich hatten, in Kafarnaum ein, sondern bedrückt und wortkarg. Dennoch verbreitete sich das Gerücht von befremdlichen und schrecklichen Ereignissen, die in der Hauptstadt geschehen waren. Der Oberste Rat hatte außerordentliche Sitzungen einberufen, es hatte Aufruhr und Verhaftungen in den Straßen gegeben, tiefste Finsternis und Erdbeben, und plötzlich sei der Vorhang im Tempel auf unerklärliche Weise entzweigerissen.

»War denn der Prophet Jesus auch dabei?« schwebte die Frage im Raum. Die darauffolgende Antwort kam wie ein Donnerschlag:

»Oh, ja, er war auch dabei, mittendrin verwickelt. Sie haben ihn gekreuzigt.«

17. Kapitel

Ich nehme an, daß man den Wert einer Sache nie richtig zu schätzen weiß, bis man sie verliert. Mir war nicht bewußt gewesen, welchen Einfluß dieser Prophet, dem ich nie begegnet war, auf mein Leben hatte, bis alles vorbei war. Fast ohne mir darüber klar zu werden, hatte ich begonnen, alles für wahr zu halten, was ich über ihn hörte. Die Beweise waren so handfest und überzeugend. Dämonen, die Naturgewalten, Krankheiten aller Art, Blindheit und selbst der Tod waren von ihm überwunden worden. Ja, ich war allmählich zu der Überzeugung gelangt, daß die größte Macht des Universums, die stärker als alle bösen Kräfte war, in Jesus wohnte, der den Menschen gute und barmherzige Taten erwies. Es war gut, das glauben zu können. Man stand dabei fest mit beiden Beinen auf einem Felsen.

Doch jetzt war für mich eine Welt zusammengebrochen. Ich wollte gar nicht daran denken. Seine Feinde, einfache Menschen, hatten ihn schließlich doch besiegt! Letzten Endes hing er schwach und schutzlos an einem römischen Kreuz. Er, der Tote erweckt hatte, war vom Tod bezwungen worden. Er war also doch nur ein Hochstapler gewesen. Die höchste Gewalt war die des Bösen, des Schicksals und Zufalls. Alle Sicherheit, die ich empfunden hatte, war verschwunden. Ich verschloß mich innerlich dem ganzen Geschehen, wandte mich von der Leere in mir ab und begann, mich bewußt an dem zu erfreuen, was jeder neue Tag an Schönem brachte. Ich wollte nichts von den vielen Geschichten und Gerüchten hören, die die Pilger vom Jerusalemer Passafest mitbrachten, denn ich hatte jegliches Interesse an dem Mann, von dem sie sprachen, verloren. Es war heiß, das Getreide reifte heran, der See war warm, blau und voller Fische, und dazu gab es viel Arbeit zu erledigen, in die ich mich freudig stürzte. So hatte ich keine Gelegenheit, während des Tages ins Grübeln zu geraten, und abends war ich müde und schlief bald tief ein. Manchmal nahm Onkel Adoram mich und Benjamin nachts mit auf den See hinaus, um am prallvollen Schleppnetz mitzuhelfen. In solchen Nächten arbeitete ich verbissen und verdrängte die Erinnerungen daran, daß ich mir einmal gut vorstellen konnte, wie Jesus über die Wellen ging.

Benjamin und Joel stellten Spekulationen an über die bevorstehende Reise nach Jerusalem zum Pfingstfest, das fünfzig Tage nach Passa stattfand. Hierzu trafen scharenweise Pilger aus allen Ländern der bekannten Welt ein, und es mußte Nahrung für sie alle vorhanden sein. Mein Onkel ging fast jedes Jahr nach Jerusalem hinauf, mit gesalzenem, getrocknetem Fisch, den er auf den Straßen verkaufte. Diese Reise war immer sehr einträglich. Bisher hatte ihn Benjamin begleitet, aber jetzt hielt man ihn für alt und vertrauenswürdig genug, daß er sich um den Fischereibetrieb zu Hause kümmern konnte. Das Gerücht hatte sich verbreitet, obwohl noch nichts Eindeutiges gesagt worden war, daß Joel und ich dieses Jahr als Eselstreiber mitgehen sollten, und ich war anfänglich von dieser Vorstellung begeistert gewesen.

Ein paar Tage nach diesem verhängnisvollen Passafest, als man in ganz Kafarnaum noch von der Kreuzigung in Jerusalem sprach, kam mein Onkel plötzlich auf die bevorstehende Reise zu sprechen. Vielleicht war ihm mein dumpfer Kummer aufgefallen, und er wollte mich auf andere Gedanken bringen. Wir saßen am Ufer und überprüften das Netzwerk nach dem nächtlichen Fang, als er plötzlich sagte:

»Hättest du Lust, mit nach Jerusalem zu kommen, Philo? Du hast den Süden unseres Landes doch noch gar nicht gesehen, nicht wahr? Ich meine, du und Joel könntet mir dieses Jahr als Eselstreiber helfen. Du hast schwer gearbeitet, und die Reise würde dir guttun.«

Er sprach freundlich mit mir, und zweifellos erwartete er, daß ich hocherfreut darüber sein würde, wie ich es ja auch bis vor kurzem gewesen wäre.

Doch ich starrte ihn nur mit großen Augen an und stellte erschrocken fest, daß ich Jerusalem jetzt nicht mehr sehen wollte.

Die Stadt kam mir nun irgendwie besudelt vor. Ich wollte nicht den Hügel draußen vor der Stadtmauer sehen, wo der Heiland und Eroberer besiegt und ermordet worden war. Ich wollte mich nicht unter die Menge mischen, die laut schreiend seinen Tod verlangt hatte. Ich wollte ihn vergessen. Ja, ich wollte nicht einmal nach Hause gehen, denn ich ahnte, daß meine Mutter und Schwestern starrsinnig weiter an ihn glauben würden, trotz aller gegenteiliger Beweise, und ich wäre wieder einmal ausgeschlossen. Aber Onkel Adoram konnte ich das alles nicht erklären, deshalb sagte ich nur nach einer Pause:

»Wie du wünschst, Onkel Adoram, wenn ich gebraucht werde, komme ich selbstverständlich mit.« Ich glaube, er war enttäuscht, aber Joels Freude entschädigte ihn, und nun wurden Reisepläne geschmiedet.

Unser kleiner Pökelschuppen war den großen Frühjahrsfängen nicht gewachsen, und Benjamin und ich ruderten oft zu den Pökelschuppen nach Tarichäa. Das Boot war jedesmal vollbeladen mit Fischen, und wir kehrten mit der Ladung vom letzten Mal zurück, die wir dann zu Hause lagerten. Ich genoß diese friedlichen Fahrten, bei denen wir oft anlegten und ein erfrischendes Bad nahmen. Eines unserer Lieblingsufer war die Bucht von Tabgha, die die Form eines kleinen Amphitheaters hatte. Üppige Felder erhoben sich dahinter. Wenn wir am späten Vormittag, wenn die Sonne schon heiß über uns stand, zurückfuhren, war sie gewöhnlich verlassen. Deshalb waren wir einigermaßen überrascht, als wir eines Tages dort ein Boot festgemacht sahen. Ein junger Mann, sein Fischgerät neben sich, saß reglos am Ufer und blickte auf den See hinaus. Benjamin beschattete seine Augen und ließ vor Überraschung fast sein Ruder los.

»Das ist Johannes Zebedäus«, staunte er. »Er und sein Bruder haben ihr Boot verlassen und sind dem Propheten nachgefolgt — und jetzt war alles umsonst! Ich denke, er hat seinen Fischerberuf wieder aufgenommen. Dem armen Kerl muß es schrecklich zumute sein!«

»Komm, wir fahren weiter!« schlug ich hastig vor. »Er will sicher nicht gestört werden, und ... und ich will eigentlich nichts davon hören.«

»Nein«, entgegnete Benjamin fest. »Er und Jakobus waren unsere Freunde, und er hat uns jetzt auch schon bemerkt. Wir können ihm wenigstens sagen, daß wir uns darüber freuen, ihn wiederzusehen. Ich kann mir gut vorstellen, daß in der Stadt alle über ihn lachen, und er braucht jetzt Freunde.«

Ich sagte nichts mehr, denn ich hatte Hochachtung vor dem freundlichen, treuen Herzen Benjamins und wünschte oft, ihm ähnlicher zu sein. Wir ruderten schnell hinzu und sprangen ans Ufer.

»Friede sei mit dir, Johannes!« grüßte Benjamin etwas schüchtern. »Wir sind froh, daß du wieder zu Hause bist. Wirst du wieder mit uns zusammenarbeiten?«

Doch er schüttelte den Kopf und lächelte, und ich starrte ihn ungläubig an. In diesem Lächeln lag keine Spur von Traurigkeit oder Enttäuschung, und keine Müdigkeit war in der klangvollen Stimme.

»Aber nein! In der vergangenen Nacht haben wir zum letztenmal gefischt. Ich habe gerade das Netz geflickt, um es meinem Vater zurückzubringen. Wir müssen so schnell wie möglich nach Jerusalem zurückkehren. Wir sollten in den Norden gehen und in Galiläa auf ihn warten. Jetzt werden wir in der Hauptstadt gebraucht.«

In seiner Stimme schwang eine Spur Begeisterung mit, und wir blieben stumm stehen und wußten nicht, was wir sagen sollten. Ich fragte mich, ob der Schmerz ihn um den Verstand gebracht hatte. Nach einer kurzen Pause sagte Benjamin ruhig:

»Es tut uns so leid, Johannes. Es muß eine schreckliche Zeit für dich gewesen sein.«

»Ja«, bestätigte Johannes schlicht. »Es war der schrecklichste Tag meines Lebens, genau wie der erste Tag der Woche danach der schönste war. Wie begriffsstutzig und blind sind wir doch gewesen! Wir haben ihn nie richtig verstanden, obwohl er es uns immer wieder begreiflich gemacht hat.«

Wir starrten ihn weiter schweigend und verlegen an.

»Sagt mal«, fuhr Johannes fort, »habt ihr denn nicht davon gehört? Oder wollt ihr es einfach nicht glauben?« Jetzt lachte er, und seine Augen funkelten fröhlich und geheimnisvoll. »Setzt euch!« forderte er uns plötzlich auf, »und erzählt mir, was ihr gehört habt!«

»Wir hörten, daß man ihn gekreuzigt hat«, erzählte ich traurig. »Aber wir kriegen nicht viel mit. Benjamins Großvater ist ein Rabbi, weißt du. Ich glaube, sie wünschten alle seinen Tod herbei.«

»Aber er ist nicht tot, er lebt! Heute morgen habe ich mit ihm zusammen gefrühstückt!« Johannes deutete auf einen geschwärzten Steinkreis um einen Aschenhaufen herum. »Er stand bei Morgendämmerung am Ufer, rief uns zu sich und hatte ein warmes Essen für uns bereit. Er redete nur mit Simon Petrus, aber er sagte uns allen, wir sollten nach Jerusalem zurückkehren und dort auf ihn warten. Ich muß gleich mit den anderen zusammen losgehen.«

Die Welt schien Kopf zu stehen. Ich fragte mich, ob ich das alles nur träumte und gleich auf meiner Matratze auf dem Dach erwachen würde. Ich grub meine Fersen in den Sand — er war echt und warm und kiesig.

»Dann hat man ihn gar nicht wirklich gekreuzigt?« fragte ich respektvoll.

»Oh, doch, sie haben ihn gekreuzigt. Ich stand mehrere Stunden lang unter dem Kreuz und sah genau zu.«

»Und sie haben ihn entwischen lassen? Ich habe noch nie gehört, daß einer eine Kreuzigung überlebte.«

»Hat er auch nicht; er starb wirklich, und wir begruben ihn. Aber der Tod konnte ihn nicht festhalten. Er ist wieder lebendig geworden. Er ist viel stärker als der Tod, ja, er selbst ist das Leben. Er hat es uns oft gesagt, aber wir haben es nicht begriffen.«

Wir saßen wie gelähmt da. Benjamin warf mir unter zusammengezogenen Brauen einen bedeutsamen Blick zu. Ich glaube, auch er befürchtete, daß Johannes den Verstand verloren hatte und wollte mir damit sagen, daß wir uns jetzt am besten verabschiedeten.

Doch ich kannte den Gesichtsausdruck, den Johannes hatte, und egal, ob er verrückt oder bei Verstand war: Den Rest der Geschichte wollte ich mir nicht entgehen lassen.

»Aber, Meister Johannes«, bestürmte ich ihn. »Wenn er wirklich stärker als der Tod ist, wieso ist er dann überhaupt gestorben? Wieso hat er es zugelassen, daß die Römer ihn verhafteten? Schließlich haben sie ihn überwältigt und ans Kreuz genagelt, oder nicht?«

Johannes schüttelte den Kopf. »Nein«, sagte er langsam, »sie haben ihn nicht besiegt. Es sah zuerst so aus, das stimmt, und ich weinte bitterlich, wie alle anderen. Aber wenn ich jetzt zurückblicke ... dann sehe ich alles in einem anderen Licht. Sie konnten seine Liebe nicht überwinden, trotz allem Haß, den sie auf ihn losließen, indem sie ihn verspotteten und anspuckten. Er liebte bis zum Schluß. Als sie die Nägel in seine Hände schlugen, bat er seinen Vater, ihnen zu vergeben, weil sie nicht wüßten, was sie täten. Seine Liebe war stärker als all ihr Haß; sie konnten nichts dagegen ausrichten.«

Er starrte wieder über den See, und ich fragte mich, ob er uns ganz vergessen hatte. Ich berührte ihn schüchtern. »Aber, Meister Johannes«, stammelte ich, »warum hat er sich denn von ihnen fangen und quälen und töten lassen? Warum nur, warum? Er hätte sie doch mit Leichtigkeit daran hindern können, nicht wahr?«

»Ja, selbstverständlich«, antwortete er und fuhr dann langsam fort. »Er hätte ihren Plan mit einem einzigen Machtwort vereiteln können. Das hat er selbst gesagt! Er sagte, wenn er darum bäte, würde ihm sein Vater zwölf Legionen Engel zu seiner Befreiung schicken. Aber er hat nicht darum gebeten. Ich glaube, daß man einem Feind gegenübertreten muß, wenn man ihn besiegen will. Der Herr mußte tatsächlich sterben, um den Tod besiegen zu können. Er mußte die Kreuzigung erleiden, damit seine Liebe Grausamkeit und Haß überwände. So sehe ich die ganze Sache jetzt. Aber nun muß ich mich sputen, die anderen werden schon reisefertig sein.«

Er lächelte uns zu und sprang auf, trug das Netz zum Boot und ruderte in Richtung Kafarnaum los. Er ruderte schnell und gleichmäßig. Benjamin und ich blickten ihm fasziniert nach, dann wandten wir uns um und starrten auf die geschwärzten Steine, die Asche und die Fischköpfe.

»Hier ... heute morgen!« sagte Benjamin verträumt, und dann lebhafter: »Komm, wir fahren auch los! Das müssen die anderen hören!«

Ich fragte nicht, was er damit meinte, denn ich war viel zu verwirrt und unsicher, um überhaupt etwas zu sagen. Wir fuhren schweigend los, aber ich stellte fest, daß Benjamin sich in die Ruder legte, als handele es sich um ein Wettrennen. Wir machten das Boot am Ufer fest und trugen den gepökelten Fisch wie gewöhnlich zum Schuppen hinauf. Aber sobald Benjamin ihn ordnungsgemäß gelagert hatte, eilte er ins Haus hinein. Ich folgte ihm.

Meine Tante und ihre Schwester Lea aus Jerusalem unterhielten sich. Lea war immer noch bei ihren Eltern zu Besuch und kam oft zu uns rüber. Die beiden Schwestern redeten dann stundenlang miteinander. Benjamin stürmte ungewaschen, schmutzig und nach Fisch stinkend zu ihnen hinein.

»Benjamin!« tadelte ihn seine Mutter. »Hast du denn vergessen, daß ...«

Er unterbrach sie mitten im Satz; seine Augen leuchteten vor Aufregung.

»Er lebt!« rief er. »Er ist von den Toten erstanden! Johannes Zebedäus hat heute morgen am Ufer bei Tabgha mit ihm zusammen gefrühstückt!«

Lea holte tief Luft und wollte etwas sagen, doch das Gesicht meiner Tante verzerrte sich augenblicklich. Sie riß einen Arm hoch, als wolle sie sich vor einem Schlag schützen. »Das ist eine Lüge!« schrie sie. »Wenn du noch einmal so etwas sagst, werde ich dich von deinem Großvater auspeitschen lassen, daß du dein Lebtag daran denken wirst. Dein Vater ist kein Vorbild für dich, ihr habt euch alle gegen uns verschworen und von dem üblen Schwindler täuschen lassen. Lea, verlaß auf der Stelle mein Haus, ich will dich hier nie mehr sehen!«

Sie rannte tränenüberströmt aus dem Zimmer, aber Lea ergriff Benjamin bei den Schultern, und mit einem siegesgewissen Strahlen sagte sie:

»Natürlich ist es wahr! Das hat er ja auch zu Marta in Betanien gesagt: 'Ich bin die Auferstehung und das Leben.' Kann das Leben denn sterben? Selbstverständlich lebt er!«

18. Kapitel

Von da an glaubte ich wirklich an ihn. Nicht nur, weil er den Tod besiegt hatte, sondern weil die, die er berührt hatte, irgendwie viel lebendiger waren. Wenn er wirklich das Leben war und den Tod, die Naturgewalten, Dämonen und Krankheiten besiegt hatte, dann erklärte das alles: die stille, zielbewußte Freude von Johannes Zebedäus, Illyrikas Frieden und Heilung, die überschäumende Fröhlichkeit des Geraseners. Aber er hatte mich nie berührt, und vielleicht ... vielleicht war es noch nicht zu spät. Ich wollte plötzlich unbedingt nach Jerusalem gehen. Ja, wie Joel konnte ich es kaum noch erwarten.

Aber bis zum Pfingstfest waren es noch vier Sabbate, und in der Zwischenzeit gab es eine Menge zu erledigen. Es war sengend heiß, und auf den braunen, verdorrten Hügeln gab es — ausgenommen die großen, blauen Disteln — keinerlei Feldblumen mehr. In der Öffentlichkeit sprach man höchst selten von dem Propheten, denn das Gerücht, daß er lebte, war von den Pharisäern mit aller Schärfe unterdrückt worden, und wer es weiter verbreitete, mußte mit schwerer Bestrafung rechnen. Doch seine Nachfolger hatten es in die Welt gesetzt, und die Gerüchte wollten nicht sterben, wie glimmender Weihrauch. Die Menschen lächelten geheimnisvoll und sahen einander fragend an. Sein Name wurde selten vernommen, jedoch war er immer gegenwärtig, und eine eigenartige Atmosphäre heimlicher Erwartung herrschte im Land.

Doch die Zeit ging vorbei, mochte es uns noch so langsam erscheinen, und es kam der Tag, an dem Joel und ich lange vor Sonnenuntergang zu Bett geschickt wurden. Wir waren viel zu aufgeregt, um einschlafen zu können, schliefen aber tief, als der Fuß meines Onkels uns wachstieß. Wir erhoben uns benommen, beluden im Mondschein und bei Laternenlicht die Esel und nahmen ein herzhaftes Frühstück zu uns, während Tante Ester unsere Reiseverpflegung einpackte. Ich verabschiedete mich hastig von Benjamin, der fast wehmütig dreinsah, und dann waren wir unterwegs. Wir gesellten uns zu vielen weiteren Reisenden auf der Uferstraße, die entlang des schwarzen Sees nach Süden wanderten. Der Sternenhimmel verblaßte allmählich. Jetzt war ich schrecklich aufgeregt und wollte am liebsten die zuckelnden Esel schlagen, damit sie schneller gingen, doch mein Onkel hielt mich zurück.

»Geh in gleichmäßigem Tempo weiter«, sagte er. »Wir wollen so weit wie möglich in der Ebene vorankommen, bevor uns die Mittagssonne zum Rasten zwingt.«

Wir gingen nicht weit an diesem Tag, nur etwa dreißig Kilometer nach Südwesten. In Nazaret wollten wir übernachten. Wir unterhielten uns kaum, und ich lauschte auf das Trappeln der Eselhufe auf der Straße, auf unseren eigenen, gleichmäßigen Schritt und das Klatschen kleiner Wellen auf den Kies. Alles klang wie süße Musik in meinen Ohren. Wir waren unterwegs nach Jerusalem!

Wir gingen durch einen Einschnitt in den Hügeln, und als wir auf die Ebene von Gennesaret hinaustraten, war es hell, und die Bauern arbeiteten schon auf den Feldern. Unser Weg führte uns durch die fruchtbarste, üppigste Landschaft, die ich je gesehen hatte. Jeder Zentimeter war bebaut. Goldene Flächen geschnittener Getreidefelder wechselten sich ab mit blaßgrünen Plantagen von Dattelpalmen oder Weingärten oder machten silbergrauen Olivenhainen Platz. Um die Bauernhöfe gruppierten sich dunkelgrüne Feigen- und Walnußbäume, die unter der glühenden Sonne schattige Lauben bildeten.

Es war so still, so abgeschirmt, daß ich meinte, wir gingen durch ein verzaubertes Traumland. Ein paar Erntearbeiter worfelten noch ihr spätes Getreide, und die Wolken von Spreu, die dadurch entstanden, wurden von dem leichten Windhauch weggeweht, was noch zu der verträumten Atmosphäre beitrug. Die Menschen waren freundlich und riefen den Pilgern Grußworte zu. Um die Mittagszeit, als die Sonne unbarmherzig herniederbrannte und Joel die Füße kaum mehr heben konnte, führte uns mein Onkel von der Straße hinunter in den Schatten eines alten Maulbeerbaumes. Der Besitzer des Baumes kam aus seinem Haus heraus, lud uns ein, Wasser aus seinem Brunnen zu schöpfen, bot uns reife Feigen an und wünschte uns Frieden im Namen des Gottes Israels. Wir tränkten die Esel und führten sie in den Schatten, wo das Gras nicht versengt war, sondern noch saftig und dicht stand. Dann packte mein Onkel Brot, Fische, Gurken und Ziegenkäse aus, und wir tranken aus Weinschläuchen. Als wir gesättigt waren, legten Joel und ich uns flach auf den Rücken und waren im Nu eingeschlafen.

Als die Sonnenstrahlen schwächer wurden und die Luft etwas frischer war, weckte uns mein Onkel mit einem Stoß in die Seiten. Wir beluden die Esel, tranken nochmal vom Brunnen und setzten unsere Reise fort. Jetzt ließen wir die Ebene hinter uns und kamen in hügeliges Land. Es war noch lange nicht Sonnenuntergang, als wir die Tiere den ausgedörrten Abhang in das Talbecken von Nazaret hinunterführten. Die kleine Stadt stand etwas abseits der Straße, ihre quadratischen, weißen Häuser drängten sich dicht an dicht den Hang hinauf, der offene Marktplatz lag am Dorfeingang, und die Synagoge blickte von der Hügelkuppe herab. Wir wollten bei einer Cousine von Tante Ester übernachten, die einen Landwirt aus Nazaret geheiratet hatte, und wurden herzlich willkommen geheißen. Ihr ältester Sohn Isaak war ungefähr so alt wie Joel. Er half uns, die Tiere in den Stall zu bringen, dann zeigte er uns den ganzen Hof und den Marktplatz.

Der Marktplatz war ein ruhiger Flecken, verglichen mit dem von Kafarnaum. Die meisten Männer hatten ihre Läden geschlossen und waren zum Abendessen nach Hause gegangen, doch ein paar Buden waren noch offen. Wir blieben vor der Schreinerwerkstatt stehen und beobachteten, wie der Schreiner ein schlecht sitzendes Joch bearbeitete, während der Ochse geduldig dabeistand. Das Tier hatte eine blutende Wunde am Nacken, und Isaak, ein wahrer Landwirtssohn, tätschelte es sanft.

»Als Jesus noch Zimmermann bei uns war, passierte sowas nie!« sagte er traurig. »Er hat die Joche immer haargenau angepaßt. Aber er wird nie mehr zurückkommen. Sie haben ihn gekreuzigt.«

Ich blickte ihn aufmerksam an. »Du meinst doch nicht etwa den Propheten?« fragte ich erstaunt. »Soll das etwa bedeuten ... du mußt jemand anders meinen!«

Isaak wandte sich ab, vielleicht, weil ihm die Tränen in die Augen schossen. »Ich weiß nicht, ob er ein Prophet war oder nicht«, sagte er trübe. »Die Leute in der Stadt behaupten, er sei verrückt gewesen, aber fest steht, daß er ein erstklassiger Zimmermann war. Er hat für uns Sachen gebastelt und unser Spielzeug repariert. Alle Kinder haben ihn gern gehabt. Aber das ist schon lange her. In den letzten drei Jahren war er nur einmal wieder in Nazaret, und jetzt ...«

Seine Stimme, die sehr traurig klang, verlor sich. Joel war zurückgeblieben, um einem Töpfer bei der Arbeit zuzusehen, aber ich stand steif und starr da. Es mußte tatsächlich ein und derselbe Mann sein, denn Kreuzigungen kamen in unseren Tagen nicht gerade häufig vor, und Propheten gab es ebenfalls nicht viele. Aber ich hatte nicht gewußt, daß Jesus als Handwerker gearbeitet hatte. Das warf ein ganz neues Licht auf ihn, und irgendwie wurde er mir dadurch vertrauter. Da öffnete sich die Tür von Isaaks Haus, und seine Mutter rief über den Platz, daß das Abendessen bereit sei. Wir eilten hinüber, wuschen unsere Hände und lagerten uns mit den anderen um die große Tonschüssel herum. Es gab ein gekochtes Hühnchen mit Linsen und Gemüse, danach Feigen und Datteln. Die Gemeinschaft beim Mahl war schön. Der alte Vater unseres Gastgebers nahm auch daran teil. Doch abgesehen vom Segensgebet, das er sprach, war er sehr schweigsam und machte wie Isaak einen traurigen Eindruck.

»Was hat euch Isaak draußen alles gezeigt?« fragte der Landwirt, als wir es uns nach dem Mahl bequem machten. »Habt ihr unsere Kamele gesehen?«

Ich nickte, doch für mich gab es nur ein Thema, über das ich sprechen wollte, und das handelte nicht von Kamelen.

»Wir blieben beim Schreiner stehen und sahen zu, wie er ein Joch anpaßte«, erzählte ich. »Isaak erklärte uns, daß der Prophet Jesus hier in Nazaret als Zimmermann gearbeitet hat.«

Die Familie sah nervös auf den alten Mann, der aufsah, als ich diesen Namen erwähnte, und nun zum ersten Mal an der Unterhaltung teilnahm.

»Ach, jetzt ist alles ganz anders als früher«, klagte er und strich über seinen langen, weißen Bart. »Sie kamen in jenen Tagen aus dem ganzen Gebiet zu ihm. Seine Joche lagen so leicht auf, daß die Tiere sie gar nicht spürten, und die Möbel, die er herstellte, überdauerten das Leben einer Hausfrau. Mit der Bezahlung hat er es auch nie so genau genommen. Sein Vater, Josef, war mein Freund. Er war ein guter Zimmermann, aber sein Sohn

Jesus war besser ...«

Der alte Mann unterbrach sich und nahm einen Schluck Wein. Er war jetzt ganz in die Vergangenheit verrückt, und wir hörten ihm respektvoll zu, während er drauflos redete.

»Haben sie denn immer hier gewohnt?« fragte Onkel Adoram.

»Josef und ich sind zusammen aufgewachsen, und ich kannte seine Maria schon, als sie noch ein kleines Mädchen war. Ich erinnere mich noch gut an ihre Verlobung. Dann ging plötzlich was schief. Josef hat's mir nie erzählt, aber man hat viel über Maria getuschelt. Er brachte sie in den Süden, um sich in der Stadt seiner Vorfahren für die Volkszählung zu melden. Man sah sie ungefähr fünf Jahre lang nicht wieder, bis sie mit einem kleinen Jungen zurückkehrten. Jesus war ein kluger Schüler, unser Rabbi wollte einen Schriftgelehrten aus ihm machen, aber er stieg in den Familienbetrieb ein ... der beste Schreiner weit und breit in Galiläa ... Ich liebte ihn wie meinen eigenen Sohn ... aber er überließ seinen Brüdern das Geschäft und ging auf und davon ...«

Der alte Mann verstummte und sah uns betrübt an. Keiner sprach. »Er kam nur ein einziges Mal zurück«, fuhr er fort. »Da waren sie alle gegen ihn. Sie versuchten, ihn zu töten, aber es gelang ihnen nicht. Du warst dabei, Amos, wieso wollten sie ihn denn töten? Ich habe es nie verstanden.«

»Er behauptete, er sei der Erlöser, auf den unser Volk seit langem wartet«, erklärte sein Sohn Amos respektvoll, »aber wir wußten, daß unser Zimmermann nicht der Messias sein konnte. Man sagt, er habe große Wunder getan, aber hier hat er kein einziges vollbracht, außer ganz am Schluß. Die Schriftgelehrten und Synagogenvorsteher sagten, er habe Gott gelästert und müsse sterben. Sie schleppten ihn da oben hinauf, um ihn in den Abgrund zu stürzen. Ich ging mit der Menge mit und wollte versuchen, sie davon abzubringen, denn schließlich war Jesus mein Freund gewesen. Ich dachte, er hätte den Verstand verloren, aber er brauchte meine Hilfe gar nicht. Gerade, als sie ihn packten, um ihn den Steilhang hinabzustoßen, drehte er sich um und ging den Berg hinunter. Er ist dabei nicht einmal gerannt! Sie schrien und wollten ihn halten, aber er schien sie gar nicht zu sehen. Er ging einfach nach Hause, und keiner konnte ihm etwas anhaben. Das könnte man auch als Wunder bezeichnen!«

Amos kicherte, aber der alte Großvater beugte sich tief betrübt vor.

»Du sagst, sie konnten ihn nicht töten!« rief er. »Aber die Männer auf dem Marktplatz behaupten, die Römer hätten ihn gekreuzigt. Das ist doch sicher nicht richtig? Man kann ihn nicht töten, weder hier noch in Jerusalen, nicht wahr?«

Keiner sagte etwas. Joel öffnete den Mund, aber mein Onkel versetzte ihm einen Tritt, und ich gab ihm einen warnenden Blick.

»Glaub doch nicht alles, was du hörst, Vater«, beruhigte ihn seine Schwiegertochter. »Es gehen so viele Gerüchte um. Wenn man ihnen allen Glauben schenken sollte ... Doch jetzt wollen wir die Matratzen ausbreiten. Philo und Joel, ihr könnt mit Isaak zusammen oben auf dem Dach schlafen. Marta, räum das Geschirr weg, und feg das Zimmer aus!«

Mein Onkel und Isaak waren mit unserem Gastgeber hinausgegangen, um die Tiere anzuschauen, seine Frau und Marta putzten das Zimmer und machten Platz für die Schlafmatten. Ich suchte Joel. Er saß in einer Ecke, ganz nahe bei dem alten Mann. Er sagte etwas, und der Großvater neigte sich zu ihm und hielt die Hand ans Ohr. Die Öllampe flackerte im Luftzug und erhellte ihre Gesichter — das eine hatte strahlende Augen und einen eifrigen Ausdruck, das andere war faltenzerfurcht und unglücklich. Ich näherte mich ihnen und lauschte.

»Mach dir deshalb keine Sorgen, Onkel Ruben«, flüsterte Joel. »Es stimmt wirklich, er lebt! Unser Nachbar, Johannes Zebedäus, hat vor nicht langer Zeit noch mit ihm zusammen gefrühstückt.«

Ein unendlich friedlicher und erleichterter Ausdruck entstand nun in dem alten Gesicht. »Das Kind sagt die Wahrheit«, murmelte er. »Ich wußte es einfach. Sie konnten ihn nicht töten, weder hier noch dort. Er lebt.«

Am nächsten Morgen erwachten wir durch die Hähne, die von mehreren Höfen herüberkrähten, und bald waren wir wieder unterwegs, nach einem schnellen Frühstück und hastigem Abschied. Doch wir hielten einen Augenblick an auf dem Hügel, der von Nazaret hinabführte, und blickten über die Ebene Esdralon, die sich wie eine fruchtbare Oase in Richtung der braunen Berge Samarias ausdehnte. Sie lag noch im Schatten, aber zu unserer Rechten fing der lange Bergrücken des Karmel die Helligkeit auf, die hinter dem Berg Tabor erstrahlte. Joel war jetzt hellwach. Er freute sich über alles, was er sah, und verkürzte uns den Weg, indem er uns berichtete, was alles schon an den Stätten geschehen war, an denen wir vorbeikamen. Aufregende Geschichten waren das, die er im Synagogenunterricht gelernt hatte. Sie handelten von alten hebräischen Helden, die im Tal Jesreel gekämpft hatten, und von König Saul, der auf dem Berg Gilboa, direkt über uns, gestorben war. Die großen Armeen der Assyrer, Babylonier, Perser und Griechen waren in diese Ebene eingefallen. Auch Onkel Adoram hörte lächelnd zu, denn er hatte nie die Schriftrollen studiert und wußte nicht viel von der Geschichte Israels.

Mehr und mehr Pilger gesellten sich zu uns auf der Straße, einige sangen Loblieder oder sagten Gebete auf, während sie marschierten, und dadurch war die Reise alles andere als langweilig. Wieder legten wir eine Ruhepause über Mittag ein, und am Abend kamen wir zu der alten Stadt Bet Schean.

»Sie heißt aber nicht mehr so«, erklärte uns Joel. »Die Griechen haben sie neu aufgebaut und Skythopolis genannt. Wir wollen auf dem schnellsten Weg zum hebräischen Viertel gehen und die Esel abladen. Schnell, vorbei an all diesen Statuen!«

Ich eilte hinter ihm her, denn ich wußte ja, daß diese Statuen für einen jüdischen Jungen verabscheuungswürdig waren, und eine Übertretung des heiligen Gesetzes darstellten, aber ich fand sie trotzdem wunderschön. Später spazierte ich allein die breiten, gepflasterten Straßen entlang, sah zu den Marmortempeln empor, die den verschiedenen griechischen Göttern erbaut worden waren, und freute mich, die Leute in der Sprache meiner Mutter reden zu hören. Welche Kunst und welches handwerkliche Geschick waren an diesen Tempelbauten zu erkennen! Wer waren diese Götter? Waren sie jemals zu den Menschen hinabgestiegen? Hatten sie die Kranken geheilt oder Dämonen ausgetrieben und Tote zum Leben erweckt? Nein, soweit ich wußte, saßen sie abgesondert und unerreichbar in ihren Tempeln. Es fand keine persönliche Begegnung mit ihnen statt. Aber mein Prophet — fast hätte ich gesagt: mein Gott — hatte als Zimmermann gearbeitet und ein leichtes Joch auf den Nacken der erschöpften Ochsen gelegt. Ich kehrte gedankenvoll zum Gasthaus zurück, wo wir schliefen, und erzählte nichts von den schönen Bauten dieser Stadt.

Am dritten Tag stapften wir die bevölkerte Landstraße entlang, neben der sich beiderseits die steilen, kahlen Berge von Gilead und Efraim erhoben. In der folgenden Nacht lagerten wir unter dem Sternenhimmel in der Jordanebene. Beim Erwachen stellten wir fest, daß unsere Mäntel taunaß waren. Es wurde ein drückend schwüler Tag, und ich hatte den Eindruck, in ein luftleeres Loch hinabzusteigen, je weiter wir unter den Meeresspiegel kamen. Es war eine unheimliche, tote Welt aus Sandfelsen, die durch Erdbeben, die vor langer Zeit hier stattgefunden hatten, zu grotesken Gebilden verformt waren. Unsere jungen Beine gewöhnten sich zwar an lange Märsche, dennoch waren wir ziemlich erleichtert, als wir am Spätnachmittag eine große, grüne Oase vor uns sahen, und wir wußten, daß wir uns Jericho, der Palmenstadt, näherten.

Wir gingen durch die belebten Straßen und schauten uns verwundert um, denn diese Stadt war vom verstorbenen König Herodes im modernen, römischen Stil erbaut worden. Im Südwesten der Stadt stand sein blendendweißer Palast. Aber wir waren zu müde und verschwitzt, um uns viel anzuschauen, und außerdem mußten wir uns schon bis zur Gaststätte durchkämpfen, denn hier trafen wir auf Ströme von Pilgern, die von der anderen Jordanseite kamen. Wir luden die Esel ab und gaben ihnen mit dem letzten Rest Kraft, die wir hatten, zu trinken, aßen unser Abendessen und legten uns schlafen. Aber diesmal konnte ich nicht einschlafen, denn die Luft unter dem niedrigen Strohdach war stickig, und ein starker Schweißgeruch hing im Raum. Joel war sofort eingeschlafen, doch ich stand nach einiger Zeit auf und gesellte mich zu Onkel Adoram, der draußen im Mondschein mit anderen Reisenden und dem Wirt zusammensaß. Sie sprachen ernst miteinander.

»Dieses Fest wird jedenfalls anders als die vergangenen sein«, sagte der Wirt gerade leise. »Die Römer haben Angst. Ihre Spitzel sind überall. Keiner wagt es, offen zu sprechen. Es war ein böser Tag, als sie den Propheten kreuzigten, und sie sind ihn immer noch nicht losgeworden. Überall gehen Gerüchte um, die sich nicht aus der Welt schaffen lassen. Etwas sehr Eigenartiges muß in Jerusalem vor sich gehen, aber keiner weiß eigentlich genau, was.«

Ein zustimmendes Gemurmel erhob sich, und mein Onkel fragte:

»Kam der Prophet denn auch in diese Stadt?«

»Aber ja!« Der Wirt mußte diese Geschichte zwar schon oft erzählt haben, doch er war bereit, sie ein weiteres Mal zu berichten. »Er hätte berühmt werden können. Die vornehmsten Leute wollten ihn zu sich einladen und seine Wunder sehen, aber er machte einen großen Fehler: Er zog den Abschaum der Stadt vor — einen kleinen Zolleinnehmer, der durch Bestechung und Betrügereien einer der reichsten Männer der Stadt geworden ist.«

»Und der Prophet war sein Gast? Wieso hatte er sich ausgerechnet den ausgesucht?«

»Das weiß keiner. Niemand wollte Zachäus in der Menge dulden. Alle haßten ihn. Da kletterte er auf einen Baum, und der Prophet ging direkt unter ihm vorbei. Man hätte meinen können, es sei ein abgekartetes Spiel gewesen. Er blieb stehen, sah hoch und befahl dem kleinen Lump herunterzusteigen, weil er sein Gast sein wolle. Alle waren entrüstet. Einige hatten gehofft, der Prophet würde sich von ihnen einladen lassen. Aber nein! Da zog er zur Villa von Zachäus. Aber die Geschichte ist noch nicht zu Ende!«

»Was passierte dann?«

»Der Prophet kehrte nach Jerusalem zurück, und ihr werdet nicht glauben, was dann geschah.«

»Erzähl's uns!«

»Zachäus ging durch die ganze Stadt von Tür zu Tür. Keiner wollte ihm zuerst öffnen, alle meinten, er sei hinter ihrem Geld her, aber das war ein Irrtum. Er suchte alle auf, die er betrogen hatte, und gab ihnen das Vierfache von dem zurück, was er sich angeeignet hatte. Unter die Armen und Bettler hat er ungefähr die Hälfte seines Vermögens verteilt ... und wenn ihr mir das nicht glauben wollt, kann ich es euch nicht verübeln!«

Der Wirt kicherte, aber unsere Gesichter blieben ernst. Wer war dieser Mann, der die Einstellung und Handlungsweise eines Menschen so radikal verändern und so viel Gutes aus Bösem hervorbringen konnte? Und wieso hatten sie ihn gekreuzigt? Diese unausgesprochene Frage stand zwischen den Anwesenden.

»Hat er hier irgendwelche Wunder vollbracht?« fragte einer der Pilger.

»Ja, als er die Stadt verlassen wollte, heilte er am Stadttor einen blinden Bettler. Der Mann stand auf und folgte dem Propheten nach Jerusalem. Er ist noch nicht zurückgekommen, und auch alle anderen, die mit dem Propheten irgendwas zu tun hatten, sind oben in Jerusalem und warten, daß etwas geschieht.«

Ein kleiner Luftzug berührte meine Stirn. Meine Lider waren plötzlich schwer, und ich schlich ins Haus und legte mich schlafen. Morgen würden wir die letzten dreißig Kilometer nach Jerusalem reisen, und ich wartete darauf, daß etwas geschah. Ich hatte keine Ahnung, was es sein konnte.

19. Kapitel

Die Straße von Jericho nach Jerusalem ist sicherlich eine der heißesten und staubigsten der Welt. Wir machten uns vor Tagesanbruch auf den Weg, aber dennoch war die Luft drückend, und jeder Schritt trieb uns den Schweiß aus den Poren. In der Dämmerung tauchten vor uns unheimlich und gespenstisch die bizarren Felsen und das dürre Land auf, und wir hielten uns dicht beieinander, denn diese verlassene Gegend war berüchtigt als Versteck der Diebe und Mörder. Viele Reisende waren ausgeraubt, zusammengeschlagen und achtlos liegengelassen worden, so daß sie starben. Kurz vor Mittag hielten wir bei einem Gasthaus am Straßenrand an und ruhten für einige Stunden aus. Als wir uns wieder auf den Weg machten, bemerkten wir, daß die Luft frischer wurde, und wir atmeten tiefer durch, während wir bergan stiegen. Die Pilger lächelten einander zu, denn sie näherten sich nun dem Höhepunkt ihrer Reise, dem Berg Zion. Als wir dann den Ölberg erreichten und vor uns die Heilige Stadt mit ihrem leuchtenden Tempel sahen, die sich vom Abendhimmel abhob, weinten viele vor Freude, und einige knieten nieder und beteten Gott an. Auf dem letzten Abschnitt ihrer Reise stimmten die Pilger Loblieder und Psalmen für den Gott Israels an.

Wir übernachteten in einem Haus im Süden der Stadt, das ein kleines Gastzimmer im Obergeschoß und einen Hof hatte, wo die Esel untergebracht werden konnten. Die kühlere Höhenluft wirkte wie ein Stärkungsmittel, und wir fühlten uns alle frischer. Der Hausbesitzer war ein entfernter Verwandter meiner Tante, und er und seine Frau machten viel Aufhebens um Joel, den sie noch nie gesehen hatten. Sie bereiteten uns ein köstliches Mahl zu, dann gingen wir früh schlafen. Wir waren alle von der Hitze und der anstrengenden Reise erschöpft. Als wir am nächsten Morgen erwachten, erzählte uns Naomi, die Frau des Hauses, daß mein Onkel schon zu einem Treffen der Fischerzunft fortgegangen sei und wir bis zum Mittagessen machen könnten, was wir wollten.

Joel sah ihr ins Gesicht. »Ich möchte die Stelle sehen, wo die Römer Leute kreuzigen«, verlangte er.

Sie sah überrascht und schockiert aus, zuckte dann aber die Achseln. »Na gut«, sagte sie, »du bist ja jetzt ein Mann, nicht wahr, also kannst du sehen, was du willst. Golgota liegt außerhalb der Stadtmauer, in der Nähe der Nordwestecke. Aber in Jerusalem gibt es schönere Stellen, die du dir anschauen könntest.«

Wir verließen das Haus, und Joel schritt zielbewußt voran. Auch ich war überrascht, daß er ausgerechnet diesen Ort besichtigen wollte, und folgte ihm nur ungern. »Wieso schauen wir uns nicht den Tempel an?« fragte ich ihn ziemlich mürrisch. »Dort oben gibt's sicherlich nichts zu sehen, sie werden die Kreuze längst weggeschafft haben!«

Aber er wandte sich, bebend vor Eifer, zu mir um.

»Begreifst du's denn nicht, Philo?« flehte er mich an. »Wenn er lebt, müssen wir ihn doch finden. Keiner scheint zu wissen, daß er lebt, und du und Vater erlaubt mir nicht, daß ich es den Leuten sage. Er muß irgendwo sein, und wenn wir dorthin gehen, wo die Leute ihn sahen und Bescheid über ihn wissen, werden wir schon was erfahren.«

Das klang vernünftig, und wir stiegen im Nordwesten den Berg Zion hinauf, wo hinter hohen Mauern prächtige Villen standen, umgeben von bewässerten Gärten. Der große, leuchtende Palast von Herodes lag zu unserer Linken. Wir gingen durchs Stadttor, und dort, direkt außerhalb der Mauer, erreichten wir unser Ziel. Der kleine Hügel ragte steil empor, und es war auf den ersten Blick zu sehen, wieso man ihn »Schädel« nannte, denn zwei dunkle Löcher im Felsen glichen den Augenhöhlen, und dazwischen erhoben sich Felszacken wie ein Nasenbein. Man konnte sich gut vorstellen, wie die drei Kreuze dort aufgestellt waren mit den angenagelten, gekrümmten Gestalten und der gröhlenden Menge darunter. Ich wandte mich schaudernd ab — da stand plötzlich ein alter Bettler vor mir, der uns genau beobachtete. Er war ein verwahrloster, alter Mann, aber seine Augen waren klar und intelligent, und er schien zu wissen, worum es uns ging.

»Das ist die Stelle, jawohl, junger Herr«, flüsterte er. »Dort hat man sie aufgehängt, zwei Verbrecher und einen Verrückten. Ihr hättet die Menschenmassen sehen sollen! — Hast du eine Münze für einen armen alten Bettler übrig, junger Herr?«

Ich hatte kein Geld bei mir und wollte ihn schon vor Abscheu zur Seite stoßen, aber Joel trat zu ihm. »Wo hat man ihn denn begraben?« fragte er leise.

Der alte Mann sah sich erst einmal ängstlich um, um sich zu vergewissern, ob auch keiner zuhörte. »Den Verrückten? Tja, der muß schon was vorgestellt haben! Ein reicher Mann und ein Pharisäer kamen und nahmen seinen Leichnam ab. Man sagt, daß der Reiche ihn in sein eigenes, neues Grab gelegt hat, dort drüben, im Garten an der Stadtmauer.«

Ganz in unserer Nähe lag ein von einer Mauer umgebener Garten, vor dessen Tor ein römischer Wachsoldat stand. Er schien uns genau zu beobachten, und ich wagte es nicht, durch die Gitterstäbe zu spähen. Mich überkam plötzlich ein schreckliches Gefühl der Sinnlosigkeit, und all meine Zweifel stürmten auf mich ein. Wieso suchten wir nach diesem gekreuzigten Mann, der entweder tot war oder sich versteckt hielt, und was hatte er schon erreicht, und wo war das Königreich, von dem er gesprochen hatte? Um mich her jammerten die Bettler, feilschten die Händler und betrogen ihre Kunden, unterdrückten die Reichen die Armen, und die grausamen römischen Soldaten schritten eingebildet durch die Straßen. All das schöne Gerede des Propheten hatte nichts genutzt, keinen Eindruck hinterlassen — und außerdem war ich hungrig.

»Komm mit nach Hause!« forderte ich Joel auf. »Hier gibt's nichts zu suchen, und es ist Essenszeit. Beeil dich, oder wir kommen zu spät.«

Joel folgte mir schweigsam, aber er war viel entschlossener, als ich ahnte. Sobald wir alle um die Tonschüssel versammelt waren, begann er von neuem.

»Tante Naomi«, sagte er, »hast du den Propheten, den die Römer kreuzigten, jemals gesehen?«

Eine kurze Stille entstand, und ich erhaschte das schwache, nervöse Flackern in den Augen von Mann und Frau, die sich einen Blick zuwarfen; aber unsere Gastgeberin antwortete ruhig:

»Oh, ja, ich sah ihn, als er auf einem Eselsfüllen durchs Goldene Tor geritten kam. Die Leute hielten ihn für den Messias, brachen in laute Jubelrufe aus und warfen ihm Palmzweige auf den Weg. Ich glaube, wir alle fragten uns ... Doch schon eine Woche später verlangten dieselben Leute seine Kreuzigung, und er wurde verhaftet. Wir haben uns anscheinend geirrt ...«

»Aber vielleicht war er wirklich der Messias?« Joel blieb hartnäckig.

Wieder trat eine kurze Stille ein, wieder entstand dieses atemlose, furchtsame Flackern, aber diesmal ergriff mein Onkel das Wort.

»Das reicht, Joel«, sagte er streng. »Ich weiß nicht, was ich von diesem Mann halten soll, aber wenn er der Messias gewesen wäre, hätten sie ihn nicht gekreuzigt. Jetzt iß weiter!«

Keiner sagte ein Wort, bis Naomi das Thema wechselte. Der Prophet wurde nicht mehr erwähnt, bis ich nachts zum Gästezimmer aufs Dach stieg. Joel stand an der Brüstung und starrte über das Kidrontal zum Ölberg hinüber.

»Man sagt, er wurde da drüben in einem Garten verhaftet«, sagte Joel, als wäre unser Gespräch nie unterbrochen worden. »Wenn wir dort rübergingen und den Garten fänden, könnte uns vielleicht jemand weiterhelfen.«

»Ich glaube nicht, daß uns irgend jemand was erzählen wird«, entgegnete ich finster. »Und woher willst du überhaupt wissen, daß er in diesem Garten dort gefangengenommen wurde?«

»Na, ich werde eben die Leute darauf ansprechen«, sagte Joel ausweichend, »und bei Golgota hat der Bettler ja auch was gewußt. Jeder weiß davon, aber sie haben Angst, offen darüber zu reden. Philo, wir müssen ihn einfach finden!«

Doch ich war enttäuscht, müde und schwermütig.

»Du wirst dich noch in Schwierigkeiten bringen, wenn du ständig von ihm sprichst«, warnte ich ihn. »Morgen kannst du gar nichts unternehmen, denn wir müssen den ganzen Tag lang Fische verkaufen. Deswegen bist du hier, vergiß es nicht!«

Der nächste Tag war geschäftig und einträglich. Obwohl wir das meiste an Fischhändler verkauften, hatten wir noch Fische übrig, die wir auf den Markt bringen wollten. Mein Onkel hatte einen kleinen Stand gemietet und kassierte, während Joel und ich die getrockneten Fische den Kunden überreichten. Wir hatten viele Käufer, und so blieb uns kaum Zeit, uns umzusehen, aber hin und wieder brach der Kundenstrom ab, und ich konnte ein paar Augenblicke die Straßenszenen im tiefer gelegenen

Markt beobachten. Juden aus einem großen Umkreis oder solche, die sich zum Judentum bekehrt hatten, sowie Heiden aus anderen Ländern, die sich einmal Jerusalem anschauen wollten, bevölkerten die Straßen. An diesem Morgen konnte man viele verschiedene Sprachen auf dem Markt hören, und ich sah viele dunkle Gesichter und fremdartige Kleidung. Die Stunden vergingen wie im Flug, und gegen Ende des Tages waren unsere Fische verkauft, und Joel und ich wurden nach Hause geschickt, um die Esel zu tränken.

»Ich hab' den ganzen Tag aufgepaßt, aber er war nicht dabei«, sagte Joel plötzlich über den Rücken eines Esels hinweg.

»Würdest du ihn denn erkennen, wenn er mitten in dieser Menschenmenge wäre?«

»Natürlich, da bin ich mir sicher. Er sei zwar wie alle anderen gekleidet, sagt Benjamin, aber er sei ganz anders.«

»Wie denn?«

»Ich weiß es nicht. Ich hab' ihn ja auch nie gesehen. Die Leute wollten aber immer in seine Nähe und nie mehr von ihm weg ...«

Ich schwieg. Ich hatte es aufgegeben, ihn in dem ganzen Gewühl von Menschenmassen zu suchen. Weit entfernt von Benjamin und den stillen Gestaden des Sees begannen sich in mir erhebliche Zweifel zu regen, ob das Ganze nicht doch nur ein riesiger Schwindel war.

Am Festtag standen wir früh auf. Als Sohn einer Jüdin sollte Joel mit seinen Verwandten zum Tempel gehen. Die Familie besaß ein Stück Land außerhalb der Stadt, und die besonderen Brote, die aus frischem Korn gebacken wurden, waren fertig. Die Juden würden den äußeren Vorhof des Tempels betreten und durch das Schöne Tor gehen, das in den inneren Vorhof führte. Ich durfte nur im äußeren Vorhof bleiben, der für die Heiden bestimmt war. Mein Onkel, der schon oft dabeigewesen war, ging fort, um einen Berufskollegen zu besuchen.

Ich bahnte mir einen Weg durch die Menschenmassen, die zum Tempel strömten, und vergnügte mich allein. Das Pfingstfest, an dem die Gerstenernte gefeiert wurde, war im Gegensatz zum Passafest ein fröhliches Ereignis. Die Leute vom Land hatten jetzt etwas freie Zeit bis zur Weinlese und Geld in der Tasche. An den Straßenrändern reihte sich eine Verkaufsbude an die andere, Sommerblumen aus den Gärten schmückten sie, und es herrschte allgemein eine fröhliche, vergnügliche Stimmung. Es war etwa neun Uhr, und die Sonne, die über dem Ölberg aufgegangen war, beschien nun auch die Stadt, so daß in die kleinen Gassen zwischen die Buden Lichtstreifen fielen, die sich mit den Schattenstreifen abwechselten. Der Lärm der Menge, das Blöken der Tiere, die geopfert werden würden; all das war fast ohrenbetäubend, und dennoch fiel uns allen plötzlich ein seltsames, brausendes Geräusch auf, das wie ein mächtiger Wirbelwind klang.

Niemand konnte dieses Brausen überhören. Die Menschen blieben unvermittelt in den Straßen stehen, und sogar die Tiere verstummten für ein paar Augenblicke. Dann drehten sich alle mit ängstlichem Gesicht in dieselbe Richtung um, denn dieses Ereignis wurde stärker und wirbelte nun über einen bestimmten Stadtteil. Im nächsten Moment drängte sich alles dorthin.

Ich wurde einfach von der Menge mitgetragen, wie ein hilfloses Blatt von der Strömung eines Flusses fortgerissen wird. Doch da ich ein großer Junge war, konnte ich sehen, wohin wir gingen. Ich hatte Glück, denn ich war ziemlich vorne, als wir uns um ein großes Haus stellten, das ein Dachzimmer hatte. Das merkwürdige Rauschen wirbelte immer noch über diesem Haus. Kaum waren wir davor angelangt, öffnete sich die Tür des Dachzimmers, und eine Menschengruppe drängte sich die Außentreppe hinunter. Dabei sangen die Leute Gott Loblieder, wie es die Pilger auf dem Weg nach Jerusalem getan hatten, einige in Sprachen, die ich nie zuvor gehört hatte. Doch ihr Gesichtsausdruck kam mir bekannt vor, er war unverwechselbar! Meine Schwester Illyrika, der Gerasener, Maria aus Kafarnaum und die kleine Astarte, deren Augen geöffnet worden waren — sie hätten alle unter dieser Menge sein können, denn sie gehörten hierher. Es mußten über hundert Menschen sein, die wie frohe Boten einer neuen guten Nachricht auf die Straße strömten. »Er ist zu uns zurückgekommen!« riefen sie. »Er hat sein Versprechen gehalten!«

Durch die gaffende Menschenmenge ging ein Raunen. Sogar die vielen Ausländer — Ägypter, Mesopotamier, arabische Kameltreiber — drängten sich nach vorn, als verstünden sie, was da gesagt wurde. Jeder schien die Leute zu verstehen und sich zu wundern. Was war passiert? Wer war gekommen?

»Die sind doch alle betrunken!« rief jemand, und ein paar rohe Kerle lachten aufwieglerisch. Als einer, der scheinbar ihr Führer war, merkte, wie sich die Leute über sie lustig machten, stieg er die Stufen wieder hinauf und bat um Ruhe. Elf andere standen auf den Stufen unter ihm, und zu meinem Erstaunen erkannte ich Johannes Zebedäus darunter. Dann vergaß ich alles andere außer dem Redner, denn sein rauher Mantel und starker Akzent waren mir vertraut. Er war ein Galiläer, und als seine Stimme in die funkelnde Morgenluft hinausklang, verstummte das Gelächter, und die Menge hörte zu.

»Wir sind nicht betrunken«, rief der Redner, »keiner betrinkt sich so früh am Tag!«

Einige nickten zustimmend, das klang vernünftig.

»Erinnert ihr euch nicht an Joels Prophezeiung über die Zeichen und Wunder in den letzten Tagen?« fuhr der Galiläer fort.

Als die großartigen, alten Worte über seine Lippen rollten, überfiel die Menge ein Gefühl der Unruhe und Furcht. Was würde als nächstes kommen?

»Ihr Leute von Israel, hört, was ich euch sage! Jesus von Nazaret ...« Der verbotene Name fiel wie ein Donnerschlag. War der Mann verrückt geworden, daß er es wagte, diesen Namen öffentlich auszusprechen, wo die römischen Soldaten von allen Seiten herbeigelaufen kamen, um zu sehen, was hier vor sich ging? Waren denn nicht hohe Bestechungsgelder gezahlt worden, um all diejenigen zum Schweigen zu bringen, die irgend etwas von ihm wußten? Keiner konnte natürlich die Gerüchte unterbinden, aber den Mann in aller Öffentlichkeit zu erwähnen!

Doch den Galiläer konnte man nicht zum Schweigen bringen. Die Neuigkeiten von Jesus sprudelten nur so aus ihm heraus, wie ein unbezähmbarer Wasserfall.

»Er kam zu euch im Auftrag Gottes, das konntet ihr an den wunderbaren Taten sehen, die Gott durch ihn geschehen ließ. Ihr habt alles miterlebt, und doch habt ihr ihn durch Menschen, die Gott nicht kennen, ans Kreuz schlagen lassen. Aber so hatte Gott es vorherbestimmt. Diesen Jesus hat Gott vom Tod erweckt, das können wir bezeugen. Was ihr hier seht und hört, sind die Wirkungen des Geistes Gottes.«

Absolute Stille war eingetreten. Sogar die römischen Soldaten standen wie festgewurzelt. Erst Jahre später, als ich die hebräischen Schriften studierte, verstand ich die Betroffenheit der Zuhörer. Jahrhundertelang hatten die Juden auf ihren Messias gewartet, auf den versprochenen Befreier, den Gott senden würde, und plötzlich wurde ihnen wie durch einen Blitz klar, was geschehen war, und sie sahen, daß sie verdammt waren. Der Messias war gekommen, sie hatten ihn gekreuzigt, und jetzt, wo er den Tod besiegt hatte, war er zu dem Gott zurückgekehrt, der ihn gesandt hatte. Sie hatten ihre großartige Chance verpaßt. Es war alles vorbei, sie waren ein verlassenes, verfluchtes Volk. Ein großer Schrei entrang sich ihren gebrochenen Herzen:

»Was sollen wir tun?«

Da erklang die Stimme des Galiläers erneut über ihren geneigten Köpfen und bestürzten Gesichtern:

»Kehrt jetzt um und macht einen neuen Anfang! Laßt euch alle auf den Namen Jesu Christi taufen! Dann wird Gott euch eure Schuld vergeben und euch seinen Heiligen Geist schenken.«

Also war doch nicht alles vorbei, Gott gab ihnen eine zweite Chance. Er kam wieder zu seinem auserwählten Volk, nicht im Fleisch, nicht in der Gestalt des Mannes, den sie gekreuzigt hatten, sondern durch den Heiligen Geist. Sie erhoben ihre Gesichter wie Menschen, die zum Tod verurteilt sind und nun hören, daß sie begnadigt wurden. Sie drängten sich um den rauhen Galiläer, der sich zu ihnen beugte und sie noch weiter ermahnte.

Und ich? Ich drehte mich ruckartig um, sah und hörte nichts mehr und gelangte dank meiner Ellenbogen irgendwie aus der dichten Menge hinaus. Ich wußte nicht, wohin ich ging. Es war mir auch gleichgültig. Ich stolperte einfach weiter und weiter. Es wurde immer heißer, und ich verließ die Stadt durch ein Tor und ging in ein Tal hinunter. Die Sonne brannte mir auf den Kopf, und ich wollte in den Schatten. Ich sah auf. Vor mir lag die Terrassenmauer des Ölbergs. Ich stieg einen steinigen Pfad hinauf und betrat einen bewässerten Garten, wo Ölbäume standen. Das Gras war frisch und grün in dem silbernen Schatten. Ich legte mich hin und ruhte meinen schmerzenden Kopf aus.

»Leute von Israel ... Jesus Christus...« Also war er tatsächlich zum Leben auferstanden und nicht vom Tod besiegt worden. Er kehrte zu seinem eigenen Volk zurück, zu denen, die auf ihren Messias gewartet hatten. Er war der Sieger über Dämonen, Krankheit und Tod und wollte sein Königreich unter ihnen aufrichten, und sie würden ihn kennen, wie die fröhlichen Nachfolger ihn kannten.

Aber ich, ein heidnischer Hund, würde ihn niemals kennen, und alles, was ich mir einst erhofft und erträumt hatte, schien zu entschwinden. Als ich gehört hatte, daß er als Zimmermann gearbeitet hatte, freute ich mich. Auch in Syro-Phönizien gab es Zimmerleute, Häuser, die Möbel brauchten, und Kinder mit zerbrochenem Spielzeug gab es auf der ganzen Welt. Aber als Messias, der allein zu den Juden gekommen war, erschien er mir viel geringer, da er in seiner Macht und Liebe nur auf diese kleine Rasse beschränkt war.

Dennoch hatte er Illyrika, den Gerasener und Astarte geheilt, die alle Heiden waren, und ich fragte mich, weshalb. Ich erklärte es mir so, daß er aus plötzlichem Mitleid heraus so gehandelt hatte, um dann wieder in seinen eigenen Kreis zurückzukehren, weil er nur zu den Nachkommen Davids geschickt worden war.

Ich wußte, daß ich die Rituale, die das jüdische Gesetz vorschrieb, befolgen könnte, um Jude zu werden, wie es Onkel Adoram getan hatte, aber ich verwarf diese Idee. Die jüdische Religion, soweit ich sie durch Rabbi Nahum und Tante Ester kennengelernt hatte, hatte mich abgestoßen. Ich fand ihre übertriebene Genauigkeit in unbedeutenden Kleinigkeiten widerlich. Die religiösen Führer sahen auf alle anderen Völker herab und nannten sie »heidnische Hunde«.

Einsam und enttäuscht verbarg ich mein Gesicht in den Armen und weinte bitterlich.

20. Kapitel

Begeistert und mit leuchtenden Augen kam Joel an diesem Abend mit seinen Verwandten nach Hause. Die Verwandten hatten sich oft gefragt, ob Jesus wohl der Messias sei. Seine Kreuzigung war ihnen sehr nahegegangen, aber sie waren viel zu ängstlich gewesen, um ihre Gedanken zu äußern. Jetzt waren sie überzeugt, wie auch Joel und anscheinend Tausende anderer ebenfalls. Reiche Männer in ganz Jerusalem hatten ihre Gartenpforten geöffnet, und Hunderte von Gläubigen waren in ihren Teichen getauft worden. Joel und seine Verwandten hatten sich von Johannes Zebedäus taufen lassen, der den früheren kleinen Nachbarjungen erkannt hatte.

»Ich wollte mich unbedingt von ihm taufen lassen«, erklärte Joel, als wir uns nachts auf die Matratzen legten. »Er und sein Bruder Jakobus kamen uns früher oft besuchen, als sie noch mit meinem Vater zusammen fischten.«

»Wozu soll die Taufe gut sein?« fragte ich unwirsch.

»Sie ist ein öffentliches Zeichen«, erklärte Joel. »Jesus hat es uns befohlen. Es soll jedem zeigen, daß meine Sünden vergeben worden sind und daß ich ein neues Leben mit seiner Hilfe anfangen will.«

»Hast du denn viel auf dem Kerbholz?«

»Wenn ich unseren Fisch auf dem Markt verkaufte, hab' ich manchmal ein paar Münzen eingesteckt und mir davon Honigkuchen gekauft. Meinen Vater hab' ich dann wegen dem Preis angelogen. Ich hab's ihm heute abend gestanden, und er hat mir vergeben. Ich will es nie wieder tun.«

Ich lächelte in der Dunkelheit. Joels Großvater hätte ihn bei solch einem Geständnis geprügelt, bis die Rute entzweigebrochen wäre. Aber ich konnte mir nicht vorstellen, daß mein gutmütiger Onkel sich je wegen ein paar Honigkuchen empören würde.

»Hast du auch den Heiligen Geist bekommen, von dem der Redner sprach?«

Joel bejahte schüchtern.

»Woher willst du das wissen?«

»Ich will plötzlich nicht mehr lügen oder stehlen, ich hasse das Unrecht und bin sehr traurig über das, was ich getan habe. Und ich bin sehr glücklich und möchte ganz neu anfangen. Philo, ich wünschte, du wärst ein Jude.«

»Nein, danke«, entgegnete ich verbittert, »ich bin so ganz in Ordnung. Aber sag mir noch eins: Wenn er euer wunderbarer Messias ist, wieso ließ er sich überhaupt von den Römern kreuzigen?«

Joel zögerte. »Petrus, so nennen sie den Redner — früher hieß er Simon — und Johannes haben uns was darüber gesagt«, meinte er dann langsam. »Aber ich verstehe das noch nicht so ganz. Sie sagten, er sei das allerletzte Opfer. Jesus hätte sich selbst als das unschuldige Opferlamm für die Sünden der Welt gegeben.«

»Du meinst, für die Sünden der Juden.«

»Nein, das haben sie nicht gesagt. Sie sagten: 'Für die Sünden der Welt'.«

Ich zuckte die Achseln und drehte ihm den Rücken zu, denn er hätte sicherlich bis zum Morgen weitergeredet. Ich dachte schon, ich würde die halbe Nacht wachliegen, aber ich schlief fast augenblicklich ein und träumte von zu Hause. Ich sah meine Mutter und meine Schwestern vor unserer Haustür stehen, mit erhitzten, sonnengebräunten Gesichtern vom Ährenlesen. Sie baten mich zurückzukommen und schienen mir ein freudiges Geheimnis mitteilen zu wollen. Ich wollte auch zu ihnen laufen, aber meine Beine waren bleischwer. Ich erwachte schweißgebadet und um mich schlagend, wie nach einen Alptraum. Es war noch sehr früh am Morgen. Ich setzte mich auf und sah hinüber nach Osten, wo hinter dem Ölberg ein heller Schein leuchtete. Ich wußte genau, was ich zu tun hatte. Ich lag still da und überlegte, bis mein Onkel, der bei uns im Dachzimmer schlief, aufstand und hinunterging. Ich wußte, daß er zuerst zum Waschen in den Hof und dann zu den Tieren gehen würde. Ich wartete einen Moment, dann schlich ich hinter ihm her. Er untersuchte gerade den Huf eines Esels, sah aber auf, als er mich bemerkte, und wünschte mir einen guten Morgen.

»Onkel Adoram«, begann ich. »Ich möchte so bald wie möglich wieder nach Tyrus zurückkehren. Natürlich werde ich euch die Esel zurücktreiben helfen, aber dann — darf ich bitte gehen?«

»Wir werden aber noch ein paar Tage hierbleiben. Ein Freund in der Stadt möchte noch mit mir über geschäftliche Dinge verhandeln, und Joel bettelt, daß ich ihm erlaube, mit den Verwandten zu gehen und noch mehr von dieser neuen Lehre zu hören. Er hat sich anscheinend positiv verändert. Wenn er gelehrt wird, ehrlich und mutig zu sein, habe ich nichts dagegen. Das ist jedenfalls eine bessere Lehre als die der Rabbiner mit ihrem endlosen Händewaschen und der pingeligen Abgabe des Zehnten, die sogar vom Dill aus dem Garten verlangt wird! Ich weiß nur nicht, was seine Mutter und sein Großvater dazu sagen werden...«

Er schien zu überlegen, und wahrscheinlich war es der Gedanke an seine Frau, der ihn zu dem folgenden Schluß kommen lies. Jetzt, da die Reise nach Jerusalem vorbei war, wußte er so gut wie ich, daß sie keinen dritten Jungen im Betrieb brauchten. Uns beiden war ebenfalls bewußt, daß meine Tante sich immer kritischer über meine Anwesenheit in ihrem Haus äußerte.

»Ich glaube, du hast recht, Junge«, sagte er. »Du solltest schauen, wie es deiner Familie geht, und du brauchst auch nicht zu warten. Die Esel werden mit leeren Säcken nach Hause ziehen, und Joel und ich können das zu zweit gut schaffen. Du kannst, wenn du willst, schon heute gehen. Viele Pilger werden zur Küste und in den Norden reisen, so kannst du dich ihnen anschließen. Am besten gehst du durch Samarien.«

Das kam zwar alles sehr plötzlich, aber ich hatte nichts dagegen, und wir trennten uns in gutem Einvernehmen. Ich hatte jegliches Interesse an Jerusalem verloren. Mein Onkel lobte mich für meine gute Arbeit, gab mir Geld für die Reise mit und ein Geschenk für meine Mutter. »Aber gib es nicht für Honigkuchen aus!« fügte er grinsend hinzu.

Die Sonnenstrahlen wanderten schon über den Scopusberg nach Süden und ließen dabei das Tempeldach aufleuchten. Es würde wieder ein sengendheißer Tag werden, und es war keine Zeit zu verlieren. Ich verschlang mein Essen, band meinen Wasserschlauch, meinen Mantel und ein Proviantpäckchen über die Schulter, nahm einen Stock in die Hand und zog los. Mein Onkel und Joel stiegen mit mir zum höchsten Punkt der Stadt hinauf, und wir verabschiedeten uns beim Damaskustor an der nördlichen Handelsstraße. Ich war auf dem Weg nach Hause.

Ich tauchte von den frischen Brisen des Zionbergs in die stickige Luft der Täler hinab. Die Straße wand sich auf und ab über die Hügel von Judäa, und auf jedem kleinen Hügel stand ein Dorf. Nach all den aufregenden Erlebnissen am Pfingstfest verließen nur wenige Leute die Hauptstadt so bald, und die meisten Juden, die nach Norden mußten, zogen es vor, über Jericho zu reisen. Die Karawane, der ich mich anschloß, war also nur klein. Wir übernachteten in einem Gasthaus und brachen noch vor Morgengrauen auf. Am zweiten Tag überquerten wir die Grenze nach Samarien.

Mittags legten wir eine Rast ein, und am frühen Abend machten wir beim Jakobsbrunnen in der Nähe des Dorfes Sychar Halt, um unseren Durst zu stillen und die Tiere zu tränken. Es war unmöglich, in solch einer Hitze weiterzueilen, doch die meisten Pilger wollten Samarien so schnell wie möglich hinter sich lassen und zogen weiter, um unter freiem Himmel zu übernachten. Ich blieb jedoch zurück, um ausgiebig von dem frischen Brunnenwasser zu trinken und mich noch ein wenig auszuruhen. Ich wollte etwas warten und mich der nächsten Karawane, die vorbeikommen würde, anschließen.

Da mußte ich feststellen, daß ich kein Gefäß hatte, mit dem ich das Wasser heraufholen konnte! Ich überlegte, was ich tun sollte, als eine Stimme hinter mir fragte: »Brauchst du einen Krug, um Wasser zu schöpfen?«

Es war ein freundlicher Junge in meinem Alter. Er kehrte heim nach Sychar, und ein paar Schafe zottelten hinter ihm her. Er ging zu einem Dornbusch beim Brunnen und holte einen Tonkrug an einem langen Seil hervor. »Meine Mutter hält ihn dort versteckt für die durstigen Reisenden«, erklärte er und ließ ihn geschickt hinunter. »Kehrst du von Jerusalem nach Hause zurück?«

»Ja«, sagte ich. »Ich habe für einen Galiläer gearbeitet, der Fische zum Fest hinaufbrachte, um sie den Pilgern zu verkaufen. Jetzt kehre ich nach Tyrus zurück. Gibt es ein Gasthaus in Sychar?«

Er sah mich erstaunt an. »Dann bist du also kein Jude?«

»Nein, ich bin ein Syro-Phönizier.«

»Das dachte ich mir. Kein Jude würde sich hierher verirren. Sie hassen uns und schlafen lieber draußen im Regen. Aber du brauchst nicht ins Gasthaus zu gehen, meine Mutter wird dich gerne aufnehmen. Sie freut sich immer über Nachrichten aus Jerusalem.«

Ich nahm mein Bündel auf und folgte ihm dankbar über die ebenen, vertrockneten Grasflächen zur kleinen Ansammlung von Lehmhäusern am Fuß des Felsenberges Garizim. Das war der heilige Gottesberg der Samaritaner. Wir gingen auf ein Haus am Rand des Dorfes zu. Der Junge stieß die Tür auf, die Schafe folgten ihm, legten sich im niedrigeren Teil des Raumes hin und warteten darauf, gemolken zu werden.

»Ich habe einen Reisenden mit nach Hause gebracht, Mutter«, sagte der Junge. »Kann er über Nacht bleiben und morgen weiterziehen?«

»Er ist willkommen im Namen des Herrn«, sagte die Frau. »Das Essen ist beinahe fertig.«

Ich sah sie an. Ich war ein heranwachsender Junge und erkannte ihre Schönheit mit einem Blick. Aber es war eine verhärmte, verblichene Schönheit, die nur in der schlanken Gestalt, den ruhigen Augen und dem friedvollen Blick überlebt hatte. Es schien kein Mann in der Familie zu sein. Der Sohn melkte die Schafe und begoß die Weinstöcke hinter dem Haus, und die Frau brachte mir Wasser für meine Hände und Füße. Dann hockten wir uns um ein einfaches Mahl aus Linsen, Brot und Aprikosen. Kaum hatten wir begonnen, fragte meine Gastgeberin mich genau das, was ihr Sohn schon angedeutet hatte:

»Sag mir, was gibt's Neues aus Jerusalem?«

Ich fragte mich, wieviel sie wußte, und zögerte. Aber sie kam ohne Umschweife darauf zu sprechen. »Es wird behauptet, daß der Messias, den sie kreuzigten, vom Tod auferstanden sei. Hat man ihn gesehen? Gibt es irgendwelche Neuigkeiten über ihn?«

Ich starrte sie überrascht an. Sie, eine Samaritanerin, war die erste Person, die ich traf, die ihn aus voller Überzeugung bei diesem Titel nannte. Da brauchte ich nicht um den heißen Brei herumzureden. Ich erzählte ihr alles, was ich wußte: Von der Begegnung mit Johannes Zebedäus am Seeufer, von den erstaunlichen Ereignissen am Pfingstfest. Wie sie zuhörte, wurde ihr Gesicht von der freudigen Überraschung immer jünger.

»Also ist er wahrhaftig zurückgekommen«, murmelte sie. »Ich wußte es, wir wußten es alle. Er ist die Quelle des Lebenswassers. Der Tod konnte ihn nicht halten. Nun wird der Lebensstrom in die ganze Welt hinausfließen.«

Ich verstand nicht, wovon sie sprach, aber die letzten Worte nahm ich auf.

»Nicht in die ganze Welt«, korrigierte ich bitter, »sondern nur zu den Juden. Er ist ihr Messias, weißt du. Deshalb gehe ich auch nach Hause zurück. Ich dachte schon... ach, ich weiß nicht, was ich dachte, aber jetzt habe ich nichts mehr zu erwarten.«

Sie lachte, und ihr Lachen klang wie reine Freude.

»Nur zu den Juden?« wiederholte sie. »Nein, nein, mein Sohn, das kann nicht stimmen. Er kam zu mir, einer Samaritanerin, zu mir, einer sündigen Frau, sprach er von dem Lebenswasser. Er kam den weiten Weg von Jerusalem bis hierher, nur um mich zu treffen.«

Ich starrte sie immer noch an. »Du hast ihn also gesehen?«

»Gesehen? Er blieb zwei ganze Tage bei uns im Dorf, in einem samaritanischen Dorf, wohlbemerkt. Seine armen Jünger wußten gar nicht, wie ihnen geschah!« Sie lachte erneut, dann wurde sie ernst.

»Ich weiß nicht, ob ich einem Jungen wie dir von meinem schandbaren Leben erzählen soll, aber wenn es dir zum Glauben verhilft, will ich es gerne tun. Meine Eltern starben, als ich noch ein Kind war, und von da an mußte ich selbst mein Brot verdienen. Ich war sehr schön, und das war mein Verderben.«

Es wurde dunkel, und ihr Gesicht lag im Schatten. Ihr Sohn war hinausgegangen, wir waren allein.

»Die Männer sind sehr grausam. Einer nach dem andern nahm mich zur Frau, benutzte mich und ließ mich im Stich. Ich sehnte mich so sehr nach Liebe und Geborgenheit, aber die gaben sie mir nicht! Schließlich war ich nur ein kleines Dienstmädchen. Ich war noch sehr jung, als ich ein Kind gebar, den Jungen, der jetzt bei mir ist. Die Dorfbewohner wollten mich nach dem Gesetz des Mose steinigen, aber zu der Zeit war ich bei einem wohlhabenden, einflußreichen Mann angestellt, der mich und mein

Baby beschützte. Aber ich war eine ausgestoßene Sünderin, und die Einsamkeit war wie die Hölle. Ich mied die Menschen, und die gingen mir aus dem Weg. Ich ging immer in der größten Tageshitze allein zum Brunnen, um ihnen nicht begegnen zu müssen, und eines Tages traf ich ihn dort.«

»Du meinst den Propheten?«

»Ja, den Messias, den Retter der Welt. Ich begegnete seinen Nachfolgern auf dem Weg zum Brunnen. Sie wollten im Dorf etwas zu essen kaufen. Als sie an mir vorbeikamen, blickten sie in die andere Richtung ... Er saß am Brunnenrand, müde und durstig, und bat mich um Wasser. Ich war sehr überrascht, das kannst du dir vorstellen. Dann erzählte er mir von einer lebendigen Wasserquelle, die ewiges Leben schenkt. Er sagte mir, daß ich nie mehr Durst haben müsse.«

»Was meinte er damit?»

»Das war mir nicht klar, doch was es auch war, ich wollte es. Dann sagte er, ich solle meinen Mann holen. Ich gab vor, eine Witwe zu sein, aber er kannte jede Einzelheit meines verdorbenen, beschmutzten Lebens. Er hielt mir all die Dinge, wegen derer ich gelogen hatte und die ich vertuschen wollte, wie ein Bild vor Augen. Er wußte alles über mich und liebte mich dennoch.«

»Wie konnte er das alles wissen?«

»Er ist der Gott, der Allwissende. Ich versuchte, das Thema zu wechseln und kam auf den ständigen Streitpunkt der Juden und Samaritaner zu sprechen: Wo ist der richtige Ort, wo Gott verehrt werden will? Ist es der Berg Garizim oder Jerusalem? — Aber er meinte, es käme nicht so sehr darauf an, wo man Gott anbetet. Wichtig sei, wie man ihn anbetet. Er sagte, es käme die Zeit, in der es keinen bestimmten Ort der Anbetung mehr gäbe, sondern die Menschen aufrichtigen Herzens würden ihn überall anbeten. Ich konnte ihn nicht vom Thema abbringen. Er kam wiederum auf meine Sünden zu sprechen.«

»Wie hast du dann reagiert?«

»Ich brachte das Gespräch auf den Messias, und er sagte, er sei der Messias. Ich glaubte ihm und rannte in die Stadt zurück. Stell dir vor: Ich, die sich jahrelang wegen meiner Schande vor den andern versteckt hatte, stand plötzlich mitten auf der Straße und rief, sie sollten alle herauskommen. Beim Brunnen sei ein Mann, der das Schlimmste über mich wußte und mich trotzdem liebte. Sie kamen alle mit und baten ihn, bei ihnen zu bleiben. Ich denke, fast jeder im Dorf glaubte ihm. Da wir keine Juden sind, waren sie nicht so sehr daran interessiert, daß er der Messias ist. Sie erkannten, daß er der Retter der ganzen Welt ist.«

Ich sah sie mit offenem Mund an und verstand wohl nur die Hälfte.

»Ich wandte mich von meinem alten, sündigen Lebenswandel ab«, erzählte die Frau weiter. »Jetzt wohne ich hier friedlich mit meinem Sohn zusammen. All meine Bitterkeit und Einsamkeit sind jetzt vorbei. Ich glaube, das lebendige Wasser und der Heilige Geist, von dem du sprichst, sind ein und dasselbe, und die Ströme werden eines Tages in die ganze Welt hinausfließen. Man muß zuerst seine Sünden bekennen und sich davon abwenden. Das habe ich also richtig gemacht, wie die Predigt des Petrus es bestätigt, von der du mir erzählt hast.«

Da kehrte ihr Sohn zurück, und wir rollten die Schlafmatten aus. Bald schlief ich ein und erwachte früh, denn ich wollte die Grenze Samariens noch vor der Mittagshitze erreichen. Meine Gastgeberin gab mir Wegzehrung mit und segnete mich, und ich marschierte tief in Gedanken versunken nach Norden. Es war noch dunkel, doch der Morgenstern stand am Himmel, und bald würde das Licht über den Hügeln aufgehen. Auch in meinem Geist wurde es hell. Kleine Lichtstrahlen drangen ein, die die Dunkelheit nicht völlig vertrieben, die aber wie der Morgenstern einen kommenden Tagesanbruch verkündeten.

»Die Sünden der Welt«, hatte Joel gesagt. »Menschen mit aufrichtigem Herzen beten ihn überall an«, hatte die Frau gesagt. »Der Retter der Welt; er kam bis hierher nach Samarien, um mir zu begegnen ... eines Tages werden die Ströme in die ganze Welt hinausfließen ... aber zuerst müssen wir unsere Sünden bekennen.«

Konnte es sein, daß es nicht meine Nationalität war, die mich von ihm trennte, sondern meine Sünde?

21. Kapitel

Am fünften Tag meiner Reise kam ich spätabends zu Hause an. Es war zwei Tage vor Neumond und sehr dunkel. Ich konnte nichts außer der Straße vor mir sehen, die sich etwas heller von der restlichen Umgebung abhob, dafür roch ich schon die herrliche, salzige Frische, die mir über die Stoppelfelder entgegenwehte. Ich war noch weit weg von Tyrus und beschleunigte meinen Schritt. Ich hatte keine Angst heimzukehren, denn hätte mich jemand verdächtigt und meine Mutter ausgefragt, hätte sie mich irgendwie warnen lassen.

Das Haus lag still, und die Familie schlief, aber auf mein Klopfen hin standen sie überrascht auf. Als sie meine Stimme vernahmen, rannten sie hocherfreut zur Tür und zogen mich hinein. Sie bereiteten mir einen liebevollen Empfang, den ich gar nicht verdient hatte. Illyrika brachte mir Wasser, und meine Mutter entfachte die schwelende Glut in der Feuerstelle und bereitete mir etwas zu essen. Alles war unverändert, und ich erkannte, wie sehr ich meine Familie vermißt hatte. Der Lichtschein der Öllampe und des brennenden Holzes flackerte über meinen beiden Schwestern; die dunklen Haare waren aufgelöst, die Gesichter rosig vom Schlaf. Illyrika war ein wenig schüchtern und wortkarg, Ione völlig selbstvergessen vor Freude. Egal, welche Probleme vor mir lagen — ich war froh, wieder daheim zu sein.

Meine Mutter stellte Brotfladen, Spiegeleier und einen Krug Schafsmilch vor mich hin, und ich aß mich satt. Wir unterhielten uns eine Zeitlang, aber eigentlich nur über Belangloses. Ich spürte jedoch, daß es noch mehr zu erzählen gab, denn hin und wieder warfen Mutter und Illyrika einander einen vielsagenden Blick zu, und dann schlug meine Schwester die Augen nieder und lächelte verschämt. Nun, ich konnte warten. Ich war meinerseits auch noch nicht bereit, über Pfingsten und die Kreuzigung zu sprechen.

Aber am nächsten Morgen, als meine Schwestern zum Brunnen gegangen waren, platzte meine Mutter mit der großen Neuigkeit heraus. Sie ging in eine Zimmerecke, holte einen Klumpen Lehm aus der Wand heraus. Dahinter war ein Päckchen versteckt.

»Was ist denn das, Mutter?« fragte ich.

»Das werde ich dir gleich sagen.« Sie setzte sich zu mir und lächelte geheimnisvoll.

»Philo, Illyrika ist verlobt!«

»Das überrascht mich nicht, sie ist sehr schön. Mit wem denn?«

»Mit Hanan. Er ist ein sehr reicher Mann, Philo, der jüngere Bruder der Herrin Isebel, du kennst sie ja. Sie hat nie vergessen, wie Ione dazu beitrug, daß ihr Mann vom Aussatz geheilt wurde. Wie du weißt, behandelt sie die Kleine wie ihre eigene Tochter und läßt sie immer kommen, damit sie mit dem kleinen Sohn spielt oder Hausarbeiten erledigt. Wir haben eigentlich nie richtig Not gelitten, seit ihr Mann geheilt ist, obwohl die Mädchen eine Zeitlang wieder Ährenlesen gingen. Jedenfalls ging Illyrika eines Tages zur Villa hinauf, um eine Nachricht zu überbringen wegen der Wolle, die wir spinnen — wir bekommen von ihnen Schafwolle —, und Ione, die es nie gelernt hat, sich richtig zu benehmen, zog Illyrika einfach ins Haus hinein. Sie spielten mit dem kleinen Jungen, als Hanan kam und sie erblickte.«

»Hat er sie angesprochen?«

»Aber nein, der junge Mann hat sehr gute Manieren. Er fragte seine Schwester über Illyrika aus, und trotz unseres niedrigen Standes war sie voll des Lobes über meine Tochter. Es war Liebe auf den ersten Blick bei Hanan, und ich erfuhr erst davon,als ich zur Villa bestellt wurde. Die Herrin unterhielt sich ein wenig mit mir, dann hielt der junge Mann bei mir um Illyrikas Hand an. Er bot mir einen so hohen Brautpreis an, daß es mir den Atem verschlug. Aber er ist eben sehr reich. Er hat viel geerbt. Du solltest den Schmuck und die Kleider sehen, die er ihr geschenkt hat. Sie werden vorläufig von der Herrin Isebel in der Villa verwahrt, und er wird Illyrika bald zu sich nehmen.«

»War Illyrika damit einverstanden?«

»Aber ja, sie ist doch schon sechzehn und müßte längst verheiratet sein. Sie hat ihn seit dem ersten Zusammentreffen nicht mehr gesehen, aber sie kennt die Familie, und man hört nur Gutes über den jungen Hanan in der Stadt. Er wird ein liebevoller Ehemann für sie sein, und sie wird in Tyrus wohnenbleiben.«

»Ich freue mich darüber. Was ist mit dem Brautpreis?«

Meine Mutter umfaßte das Päckchen in ihrem Schoß und schwieg. Ich wartete.

»Philo«, sagte sie dann und sah auf. »Ich hab' dich damals angelogen wegen dem Boot deines Vaters. Es war gar kein Geld übrig. Hiram hat mir kaum etwas dafür gezahlt, aber ich war ihm machtlos ausgeliefert. Ich hab' alles der Beschwörerin gegeben.«

Jetzt war ich an der Reihe zu schweigen. Ich war einfach weggerannt und hatte sie in bitterster Armut zurückgelassen. Meine Wangen glühten vor Scham.

»Aber, Philo, ich kann es endlich wiedergutmachen. Ich habe den Brautpreis für dich aufgehoben. Du kannst das Boot deines Vater zurückkaufen.«

»Hiram wird es nie verkaufen!« entgegnete ich überzeugt.

»Da bin ich nicht so sicher. Du weißt nicht, was in der Zwischenzeit alles passiert ist. Zwei seiner Boote verbrannten in der Nacht, in der du fortgingst.«

»Zwei?« wiederholte ich erstaunt und sah auf.

»Ja, zwei.« Ein Lächeln lag auf ihren Lippen, und mir fiel plötzlich auf, daß sie mich gar nicht nach den Gründen meines Weggangs gefragt hatte. »Die Flammen des ersten Bootes waren so stark, daß sie auf das zweite überschlugen und alles im Umkreis verbrannten. Nur das Boot deines Vaters blieb verschont.«

»Also muß mein Mantel auch verbrannt sein«, dachte ich erleichtert, aber laut sagte ich: »Und weshalb sollte er dann sein letztes Boot verkaufen?«

»Ich hab' noch nicht zu Ende erzählt. Er ist ein böser Mann, und seine Leute hassen ihn. Eines Morgens, ungefähr vor einem Monat, fand ein Handgemenge auf dem Marktplatz statt. Die Männer beschuldigten ihn, sie bei der Lohnauszahlung betrogen zu haben, und schlugen ihn zusammen. In der kommenden Nacht trat kein einziges Mannschaftsmitglied zur Arbeit an. Er heuerte deshalb ein paar Jungen an, aber am nächsten Morgen mußte er den Fisch fast ganz allein hinauftragen. Er ging den Strand entlang, tief gebeugt unter seiner Last, als er über einen dicken Holzbalken stolperte. Das Gerücht ging um, daß ihn absichtlich jemand dort hingelegt hatte, als er Hiram kommen sah. Er verletzte sich und brach sich das Bein. Einige Vorübergehende trugen den brüllenden Mann nach Hause, und seitdem liegt er dort. Der Arzt hat getan, was er konnte, aber anscheinend fing die Wunde zu eitern an, und man sagt, daß er nie mehr richtig laufen oder mit dem Boot hinausfahren kann.«

Sie reichte mir das Päckchen, wie jemand, der von einer großen Last befreit ist, und ich schaute es lange an. Dann dankte ich ihr, gab es ihr zurück, und ging zum Strand hinunter. Das Boot meines Vaters lag sicher hinter der Hochwassergrenze. Es sah alt und vernachläßigt aus, und ich sehnte mich danach, es zu überholen. Es wurde von einem Jungen bewacht, der es ein wenig mit Pech ausbesserte. Ich ging weiter, warf ab und zu meine Tunika ab und watete ins erfrischende Meerwasser hinein. Nach dem lauen, seichten Wasser in Galiläa genoß ich die salzige Kühle. Dann warf ich mich in den Sand und dachte angestrengt nach.

»Kehrt um, und macht einen neuen Anfang! Laßt euch alle auf den Namen Jesu Christi taufen. Dann wird Gott euch eure Schuld vergeben und euch seinen Heiligen Geist schenken.« Ich hatte keine Ahnung, ob Jesus mit dem Heiligen Geist auch in mir, einem Heiden, wohnen wollte. Auf dem Weg von Samarien bis hierher war dieses: »Macht einen neuen Anfang!« jedoch immer wieder in meine Gedanken zurückgekehrt wie die Meereswellen an den Strand. Ich hatte keine Möglichkeit gesehen, das Böse, das ich angerichtet hatte, wiedergutzumachen, aber jetzt war alles klar. Ich konnte umkehren, wenn ich wollte — wenn ich bereit war, den Preis zu zahlen.

Ich blieb noch lange am Strand, verabscheute, was ich getan hatte, haßte mich selbst und haßte den Mann, der uns ruiniert hatte. Ich blieb so lange, bis die Sonne eine goldene Bahn über das Meer warf, dann erhob ich mich und rannte nach Hause. Ione war noch oben in der Villa, aber meine Mutter und Illyrika hechelten Wolle und spannen sie zu Knäueln. Ich setzte mich neben sie und erzählte ihnen alles, angefangen von meinem Rachedurst, von unserer Brandstiftung und meiner Flucht. Dann berichtete ich von der Kreuzigung, den Gerüchten über Jesu Auferstehung und von dem großen Wunder am Pfingsttag. Sie waren jedoch lange nicht so überrascht oder entsetzt, wie ich es angenommen hatte. Sie hatten schon vermutet, daß meine Flucht mit dem Brand der Boote zusammenhing. Von Reisenden hatten sie von der Kreuzigung erfahren und ebenfalls die Gerüchte über die Auferstehung gehört. All diese Dinge hatten sie untereinander stundenlang besprochen und waren zu ihren eigenen Schlußfolgerungen gelangt. Nur das Ereignis am Pfingstfest war völlig neu für sie, und sie hörten mir wie verzaubert zu.

»Die Juden haben ihn nicht als ihren Messias erkannt«, betonte ich. »Sie haben ihn gekreuzigt. Aber jetzt gibt ihr Gott ihnen eine zweite Chance. Er kommt wieder in Gestalt eines Geistes in die Herzen, wenn sich jemand vom schlechten Weg abkehrt und sich auf Jesu Namen taufen läßt, damit ihm die Sünden vergeben werden — so hat es Petrus gesagt. Diese Nachricht und dieses Versprechen schien mir in Jerusalem nur an die Juden gerichtet zu sein, und trotzdem...« Ich erzählte ihnen von der Frau aus Sychar.

Meine Mutter unterbrach mich nicht. Erst als ich zu Ende gesprochen hatte und das Zimmer im Dunkeln lag, weil keiner sich darum gekümmert hatte, die Lampe anzuzünden, begann sie:

»Diese Frau hat Recht, Philo. Ich wußte es selbst, als ich ihn auf der Straße zwischen Tyrus und Sidon um Erbarmen anflehte. Er ist der Messias, nicht unserer, aber er ist noch viel, viel mehr. Er hat noch einen anderen Namen, und er wollte, daß ich auf ihn komme. 'Hilf mir, Herr!' rief ich, und da drehte er sich sofort zu mir um. Gehören denn Dämonen, Stürme, die Krankheit und der Tod nur den Juden allein? Ich glaube, er wird in jedes Herz einkehren, das ihn als Herrn anerkennt und sich ihm unterstellt. Wahrscheinlich beginnt sein Königreich im Herzen der Menschen.«

Sie sagte das stockend und rang nach Worten. Ich wußte, daß sie nach vielen Stunden, in denen sie nachgedacht hatte, zu dieser Erkenntnis gekommen war. Dann ergriff Illyrika das Wort. Sie war ja immer sehr weise gewesen.

»Ich denke manchmal, daß er nie wirklich fortgegangen ist«, sagte sie leise. »Ich glaube, daß er denen, die er heilte, etwas von sich selbst schenkte. Als ich hörte, daß sie ihn gekreuzigt hatten, weinte ich wegen der Qualen, die er durchmachen mußte, aber ich wußte, daß er nicht tot war. Ich glaubte, er würde nun irgendwie in dem gereinigten Aussätzigen weiterleben, in dem bekehrten Sünder, in dem geheilten Blinden, der jetzt seine Augen dem Licht zuwendet. Ich wußte, daß sein Leben niemals sterben konnte. Es würde auch den Tod überleben, und vielleicht irgendwo weit weg von hier zur Vollkommenheit gelangen. Aber was du da sagst, klingt noch viel besser, Philo. Sag's uns nochmal!«

»Macht einen neuen Anfang, kehrt um!« wiederholte ich. »Laßt euch auf Jesu Namen taufen, damit eure Schuld vergeben wird und ihr den Heiligen Geist geschenkt bekommt.«

Wir sprachen noch lange darüber. Eine neue Richtung einschlagen, das war eine klare Sache, und selbst Ione, die kurz vor Sonnenuntergang nach Hause gekommen war, sah das ein. Im Garten ihrer Herrin stand ein Aprikosenbaum, von dessen Früchten sie sich einfach nicht fernhalten konnte ... Sich taufen zu lassen war schon weniger einfach, denn soweit ich wuße, hatten nur die Jünger die Vollmacht dazu. Aber Joel hatte gesagt, es sei ein Zeichen, ein öffentliches Bekenntnis.

»Eines Tages«, sagte Illyrika, »wird sicherlich jemand zu uns kommen und uns sagen, was wir tun sollen. Ich denke, daß diese Nachricht sich bis ans Ende der Welt ausbreiten wird.«

»Und wenn er wirklich zu uns kommt«, sagte Ione eifrig, »dann wird er uns selbst sagen, was wir tun sollen.«

Das war eine gute Idee; keiner von uns Älteren war darauf gekommen. Wir kamen jedoch alle überein, daß ich selbst als ersten Schritt in die neue Richtung Hiram einen Teil des Brautpreises bringen und ihm sagen mußte, was wirklich passiert war. Ich konnte mir gut vorstellen, daß er verlangen würde, mich geißeln und ins Gefängnis werfen zu lassen. Ich hatte furchtbare Angst, aber es gab jetzt kein Zurück mehr. Glücklicherweise wußte ich, wieviel Geld ich ihm geben mußte. Er hatte seinen eigenen Preis festgelegt. Ich nahm das Doppelte, was er meiner Mutter für das Boot gezahlt hatte und lächelte beim Gedanken daran, wie gerecht das war.

Natürlich wußte ich, wo sein Haus stand. Wenn die Boote in stürmischen Nächten auf dem Strand lagen, waren Jabin und ich ihm oft nachgeschlichen, wenn er von der Kneipe nach Hause torkelte. Wir wollten so seine Gewohnheiten und möglichen Nachhausewege kennenlernen. Zu Lebzeiten seines Vaters war es das Haus eines reichen Mannes gewesen. Es stand im Stadtviertel, wo die wohlhabenden Leute wohnten, aber jetzt wucherten Unkraut und Disteln an der Haustür. Ich wußte auch, daß seine Frau vor kurzem bei der Geburt ihres Kindes gestorben war. Demnach lebte er sicherlich allein. »Er könnte mich erwürgen«, dachte ich beklommen, klopfte aber dennoch an die Tür.

»Wer da?« knurrte eine wilde Stimme. Ich holte tief Luft und trat ein. Das Zimmer war düster und schmutzig, und der Eitergestank seiner Wunde war unerträglich. Ich glaube, der Junge, den ich am Boot gesehen hatte, brachte ihm zweimal am Tag Essen und Wasser. Hiram war die jämmerlichste, vernachlässigste Kreatur, die ich jemals gesehen hatte. Er durchbohrte mich mit seinem Blick. In seinen Augen stand gleichzeitig Haß und Furcht geschrieben.

»Was willst du denn hier?« Hiram spuckte die Worte fast aus.

Ich hielt mich so weit wie möglich entfernt von ihm und legte das Geld auf die Tischplatte. »Ich war einer von denen, die deine Boote in Brand steckten«, sagte ich abrupt. »Ich bin gekommen, um den Schaden zu bezahlen. Du hast den Preis für ein Boot bei meiner Mutter festgelegt, und ich habe dir hier das Doppelte gebracht. Es tut mir leid, und ich bitte dich um Verzeihung.«

»Also du... du hast... meine Boote... angezündet! Ich werde dich vor den Richter zerren, ich lasse dich auf dem Markt auspeitschen, ich...« Hätte er aufstehen können, er hätte mich sicher mit den bloßen Händen erwürgt. Ich erschauerte und wandte mich ab, denn ich konnte weder seinen Anblick noch seinen Gestank ertragen. Ich hatte nur einen Gedanken, so schnell wie möglich von ihm fortzukommen.

»Das werde ich dir heimzahlen!« zischte er. »Gib das Geld her!«

Ich warf es zu ihm hinüber, und er öffnete gierig das Päckchen. Ich sah, wie sich Erstaunen auf seinem Gesicht abzeichnete, als die Goldstücke auf seine schmutzige Decke rollten.

»Das hast du irgendwo gestohlen, was?« murmelte er.

Jetzt war ich aber wirklich wütend. Das konnte ich nicht auf mir sitzenlassen. »Nein, du alter Narr!« rief ich aufgebracht. »Wenn du's genau wissen willst: Es ist der Brautpreis meiner Schwester. Lebwohl!«

»Halt!« Sein gemeines Gesicht starrte mich unverwandt an, und ich erschauerte. »Bei allen Göttern, wieso hast du es mir gebracht?«

Mach einen neuen Anfang! Bekenne! Jetzt war die Gelegenheit dazu.

»Weil ich nicht mehr sündigen, sondern ein neues Leben anfangen will!« sagte ich im Hinausgehen, schlug die Tür zu und atmete hastig die frische Meeresluft ein.

Und was nun?

Ich ging zu meinem Lieblingsplatz hinunter zum Strand. Nach dem Sommer in Galiläa und den stickigen Tälern hatte ich das Gefühl, nie genug von der Meeresküste bekommen zu können. Ich warf mich ins Meer und ließ mich von den Wellen treiben. Ich wusch mir den Ekel vor Hirams Zimmer ab und dachte nach ... Soweit ich wußte, hatte ich mein Teil getan. Ich hatte mich von der Sünde abgewandt, hatte wiedergutgemacht und bekannt. Jetzt war Jesus an der Reihe. Wenn er zu mir zurückkommen wollte, dann war er jetzt dran. Ich lag wartend im Wasser. Vielleicht würde ich ein mächtiges Rauschen hören oder Gott in einer unbekannten Sprache loben, wie es die Jünger getan hatten.

Aber nichts geschah.

»Gott wird euch den Heiligen Geist schenken!« Plötzlich fiel mir auf, daß ich doch nicht alles getan hatte. Ein Geschenk mußte auch empfangen werden. Die Sonne sandte ihre Strahlen auf die Erde, aber die Blumen mußten dem Licht ihre Köpfe öffnen, und das Meer reflektierte die Farben. Soweit ich wußte, hatte Jesus niemals jemand seine Geschenke aufgezwungen und kam, wenn die Menschen ihn riefen. Er antwortete auf ihre — manchmal unausgesprochenen — Hilferufe.

Zum ersten Mal in meinem Leben betete ich jetzt zu dem höchsten Gott, der Mensch geworden war. Ich bat ihn, zu mir zu kommen.

Nichts passierte. Jedenfalls nichts dergleichen, was ich erwartet hatte. Doch bald sah ich nicht nur den leeren, blauen Himmel über mir. Ein lebendiges Bild entstand vor meinem inneren Auge. Ich sah einen finsteren Raum und einen bösen Mann, der voller Angst in der Dunkelheit lag. Doch diesmal entdeckte ich unter Hirams Haß seine Verzweiflung und Einsamkeit. Es war beinahe so, als sähe ich ihn mit anderen Augen — mit den Augen eines anderen.

»Geh zurück!« befahl eine Stimme in mir. »Geh jetzt zu ihm zurück!«

Ich schwamm wie im Traum an den Strand und zog mich an. Die kleinen Buden würden nach der Mittagsruhe wieder offen sein. Ich hatte eine Münze in meinem Gürtel und kaufte Früchte und eine kleine Weinflasche, und als ich Hirams Haus erreichte, klopfte ich nicht an. Ich ging mitten ins Zimmer hinein und setzte mich ans Fußende seiner verdreckten Matratze. Ich legte die Geschenke neben ihn, und er sah mich starr vor Schreck an, als sähe er einen Geist.

»Es tut mir wirklich leid, daß du dir das Bein gebrochen hast«, sagte ich. »Kann ich irgend etwas für dich tun?«

Wir blickten uns lange in die Augen, und ich konnte beobachten, wie der Haß und die Furcht aus seinen Augen wichen und nur noch Müdigkeit, Elend und Verzweiflung darin standen. Verlegen zog er mit einer Hand an seiner Decke.

»Meinst du... « flüsterte er und hielt inne. Ich wußte, daß er mit seinem Stolz kämpfte.

»Meinst du... « versuchte er erneut. »Meinst du, du könntest mein Boot hinausfahren! Ein paar Jungs anheuern und den Betrieb weiterführen? Der Arzt sagt, ich werde nie wieder so wie früher laufen können, aber man kann nie wissen...«

Das Boot meines Vaters! Einen Augenblick lang vergaß ich den Mann auf der Matratze völlig. Ich spürte das straff gespannte Tau in meinen Händen und den Widerstand des vollen Netzes. Ich hörte das Klatschen des schwarzen Wassers gegen den Bug und sah, wie der Tag über den syrischen Bergen anbrach. »Natürlich kann ich das machen«, sagte ich schlicht. »Ich werde heute abend das Netzt überprüfen und mir einige Jungs suchen. Bis morgen abend wird das Boot wieder flottgemacht sein, und wir werden den Gewinn gerecht unter uns allen aufteilen.«

Plötzlich war mir ganz warm ums Herz, und ich wußte, daß ich ihn jetzt sah, wie Jesus, mein Gott, ihn gesehen hätte — mit Augen voll Liebe, Mitleid und Vergebung.

Ich ahnte, daß wir eine Partnerschaft eingingen, die sehr lange bestehen würde.

Nun wußte ich auch, daß der Gott, der Mensch geworden war,

der Überwinder des Todes, der Dämonen, Krankheit und Sünde, auch mich überwunden hatte. Er war zu mir zurückgekommen. Das Königreich Gottes war in mir.

DER BIBELLESEBUND ist eine internationale, überkonfessionelle Organisation. Sein Ziel ist es, durch seine Literatur und seine Veranstaltungen das tägliche, planmäßige Lesen der Bibel zu fördern und Menschen mit Jesus Christus in Verbindung zu bringen. Als Hilfe für das persönliche Bibellesen gibt der Bibellesebund folgende Zeitschriften und Broschüren heraus:

Gott spricht mit mir — ich spreche mit ihm
Eine Anleitung für Kinder ab ca. 4 Jahre, 45 Seiten, farbig illustriert.

Erste Schritte mit der Bibel
4 Bibellesehefte mit je 91 erklärungen (3 Monate) für Kinder ab ca. 7 Jahre, je 96 Seiten, farbig illustriert.

Guter Start
Vierteljährlich erscheinender Bibelleseplan mit Erklärungen für Kinder ab ca. 9 Jahre, mit Illustrationen, Rätseln, Fragen zum Beantworten, Liedern und Bastelvorschlägen.

Geradeaus
Vierteljährlich erscheinender Bibelleseplan mit Erklärungen für Teenager ab ca. 13 Jahre, mit Illustrationen, Fotos und Comics, Fragen, Gebeten, Liedern und Rätseln.

Profil
Vierteljährlich erscheinender Bibelleseplan mit Erklärungen für junge Erwachsene ab ca. 17 Jahre, mit Illustrationen, Denkanstößen und Fragen zum weiteren Studium.

Orientierung (in der Schweiz auch in Großdruck erhältlich)
Vierteljährlich erscheinender Bibelleseplan mit Erklärungen für Erwachsene, mit Büchertips und Berichten aus der weltweiten Arbeit des Bibellesebundes.

Anschriften des Bibellesebundes:

Deutschland:	Industriestr. 2 5277 Marienheide 1
Schweiz:	Römerstrasse 151 8404 Winterthur
Österreich:	Kreuzplatz 6 4820 Bad Ischl

Weitere Bücher der beliebten Autorin Patricia St. John aus unserem Verlag:

Spuren im Schnee (216 S., 25 Zeichn.)
ab 8 Jahre
Bei einem Streit mit dem Nachbarsjungen Lukas verunglückt Dani schwer. Der Haß seiner Schwester Annette kennt keine Grenzen. Um das Böse wiedergutzumachen, ist Lukas zu Außergewöhnlichem fähig. Eine Geschichte aus den Schweizerbergen.

Das Geheimnis von Wildenwald (198 S., 22 Zeichn.)
ab 8 Jahre
Auf ihren Streifzügen durch die Wälder lernen die Geschwister Ruth und Philipp den Jungen Terry kennen. Er wird bald zu ihrem unentbehrlichen Spielkameraden. Kurz darauf verunglückt Terry auf tragische Weise.

Hamid und Kinza (208 S., 30 Zeichn.)
ab 9 Jahre
Ein marokkanischer Junge versucht, sein blindes Schwesterchen vor dem grausamen Stiefvater zu retten. Eine abenteuerliche Flucht beginnt.

Regenbogen im Sturm (192 S.)
für Jugendliche und Erwachsene
Eine Erzählung, die das ganze Leid und die Hoffnung einer Familie während des Libanonkrieges miterleben läßt. Nach schweren inneren Kämpfen lernt Lamia, daß nur Liebe und Vergebung die Wunden verbinden können, die fanatischer Haß geschlagen hat.

